KB054621

회피하지 않고
해피하게

회피하지 않고 해피하게

걱정 수집가들을 위한 최소한의 심리학

간단심리 지음 / 남은숙 옮김

생각정거장

CONTENTS

1 해탈의 3분
쓸모없는 존재로 있을 권리를 지켜라

2 회복의 3분
어떤 상처는 더디게 아문다

3 치유의 3분
우울은 자연스러운 감정이다

4 자유의 3분

내 선택을 사랑하는 법을 배워라

1   해탈의 3분

쓸모없는 존재로 있을 권리를 지켜라

아이러니하네.
잠시 쓸모없는 존재가
되어보면 미래에 쓸모없는
존재가 되지 않는 데
도움이 된다는 소리잖아?

재촉하면 좋아하는 일도 하기 싫어진다

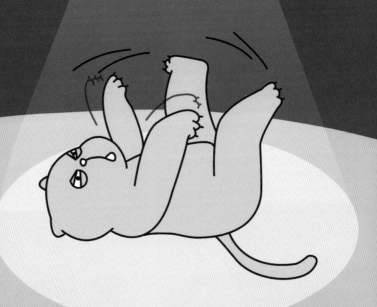

오늘부터 달리기 한다고 안 했어? 왜 안 가?

이거 봐. 이 다리 보여? 원래대로라면 이 다리는 3분 후에 운동장 트랙 위를 달릴 예정이었어.

뭐라고?

원래 능동적으로 어떤 일을 결정하면 기대감과 성취감이 드는 법이야. 다이어트 계획을 세워서 실천했을 때 비로소 해냈다는 쾌감을 얻듯이 말이야.

맞아, 내 삶을 스스로 결정하니까 만족감이 들었어.

하지만 누가 재촉하면 기분이 달라져.

능동적인 내 의지를 타인에게 통제당하는 것 같거든. 방금 내가 재촉하니까 만족감이 사라졌지?

네 힘으로 이룰 수 있는 일인데도 남이 재촉하면 타인의 재촉으로 얻어낸 성과가 돼. 그래서 기분도 나쁘고 성취감도 얻기 힘들어.

"힘내"라는 한 마디만
건네도 충분하다

　기꺼이 하려던 일도 누가 재촉하면 급격히 하기 싫어진다. 이러한 '수동적 포기'는 일상생활에서 흔히 겪을 수 있다.

　'수동적 포기'란 일종의 저항을 받는 상태다. 다이어트나 운동을 시작하려고 나름의 계획을 세웠다면 이를 능동적으로 실천해야 만족을 얻을 수 있다. 누가 나를 재촉하는 듯한 뉘앙스라도 풍기면 만족은 순식간에 깨져버린다. 스스로 계획한 일이 어느새 등 떠밀려 하는 일로 바뀌어 버렸기 때문이다. 그러면 갑자기 그 일이 하고 싶지 않아진다. 오히려 전보다 더 하기 싫어진다.

　누군가를 재촉하지 말자! 도저히 참견하지 않고서는 못 배기겠다면 "힘내"라는 한 마디만 건네도 충분하다.

쓸모없는 존재로 있을 권리를 지켜라

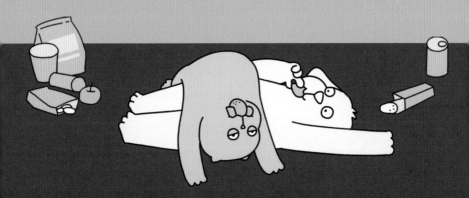

편해?

그럭저럭.

그럭저럭?

내가 마냥 편해
보이겠지만 실제로
느끼는 편안함은
아주 미미해서 말이야.

지금까지
뭘 했는데?

음… 오전 11시쯤
일어나서 드라마를
2배속으로 보고
예능 프로그램도 최근
것까지 몰아서 봤어.

그 사이에 간단히 뭘 좀 먹고.

이게 '간단히'야?

흥청망청 빈둥거리면서 아무 생각도 없어 보여.

네가 그렇게 말하면 나도 할 말 많아.

개가 고양이 속을 어떻게 알겠어! 넌 내 마음 몰라. 이래 봬도 내 안에서는 고함을 치고 난리가 나고 있다고.

이거 놔!
난 일어날 거야!
공부해야 해!
열심히 할 거야!
이렇게 낭비할
시간이 없다고!

전혀 이해를
못 하는 듯한
얼굴이네.
나도 속으로는
애가 타.
조마조마해.

….

명치, 목덜미,
뒤통수에서 작은 발들이
종종거리는 느낌이랄까.
불안한데 뭘 어떻게
할 수가 없으니 괴로워.
쓸모없는 존재로 종일
지내는 게 속 편한 일은
아닌 것 같아.

알아. 그런데 네가 아직
잘 모르나 본데
'쓸모없는 존재로 지낸다'라는 건
실은 '적절한 타이밍에
포기하는 것'이 핵심이야.

쓸모없이 존재하는 자신을 수용하는 게 중요해. 자신을 사랑하고 수용하는 사람에게는 발전하려는 의지와 세상을 향한 열정이 가득하거든.

아이러니하네. 잠시 쓸모없는 존재가 되어보면 미래에 쓸모없는 존재가 되지 않는 데 도움이 된다는 소리잖아?

맞아. 그 잠깐의 쓸모없음을 견딘 용기가 발전의 여지를 줘서 쓸모없는 존재로 오래 살지 않도록 막아주거든.

그래서 쓸모없는 존재로 있을 권리를 지켜야 해.

'자기 수용'을
배우는 시간

해결하기 어려운 상황을 마주했을 때 사람들은 '한 걸음 후퇴'라는 선택지를 쉽게 떠올리지 못한다. '한 걸음 후퇴'란 걸음을 멈추고 잠시나마 쓸모없는 존재로 있어보는 것이다.

잠시 쓸모없는 존재로 보내는 시간은 사실 '자기 수용'을 배우는 시간이다. '자기 수용'은 자신과 타인의 장단점을 이해하면서 자신에게 만족하는 것, 남들과 다르거나 부족하더라도 자신을 인정해 주는 것을 말한다. 자기 수용을 잘하는 사람은 스트레스를 덜 받기 때문에 괴로울 일도 적다. 자신과 타인을 객관적으로 바라보고 자신의 개성에 만족한다. 또 타인과 관계를 맺을 때 본모습을 드러내기를 겁내지 않으며, 좋은 인상을 남기려고 자신을 애써 감추거나 부정하지도 않는다.

'자신을 비난하고 부정해야만 달라질 수 있다'라고 생각하지 말자. 더 나은 사람이 되지 못했다고 자신을 탓하면 무력감과 초조함이 가중되어 부정적인 감정만 커진다.

우울할 때는
그냥 우울하게 있자

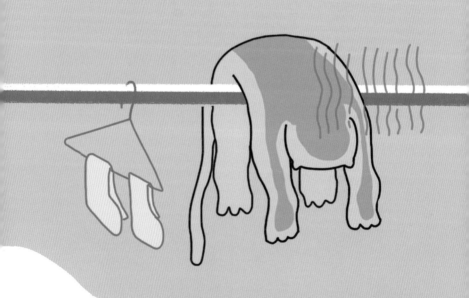

뭐가 그렇게
바빠?

일이랑 공부할 게
좀 쌓여서.

부지런히 해.

그러고 보니
나도 할 일이 많네.

그런데 기운도
없고 컨디션도
별로여서 꼼짝도
하기 싫어.

좋겠다.

지금 나 놀려?

아니,
정말로 네가
부러워서 그래.

넌 체력도
감정도 무리하게
소모하지 않잖아.

난 요즘 에너지가
바닥났는데도
자신에게 억지로
자극을 줘. 일부러 크게
웃고 더 바쁘게 뛰어다녀.

방금처럼?

응.

그게 더 좋은 거 아냐?
가라앉은 기분을
띄우는 건 꽤 힘들어.
난 한 번도
그래본 적이 없어.

계속 나에게
자극을 주면 내 몸이
억지웃음이나 가짜
흥분도 진짜라고
믿어버려.

주위에서도 뭐가
그리 즐겁냐고 물어봐.
우울할수록 더 크게
웃는 것도 방어 기제
때문일 거야.

하… 컨디션이 안 좋고 몸도 피곤할 땐 가만히 쉬고 싶은데 머리가 용납하지 않아.

너도 좀 독한 구석이 있어.

요즘은 이것도 좋은 방법이 아닌 것 같아.

습관이 되니까 유리 막 안에 갇힌 것처럼 답답해. 이제는 어떻게 화를 내는 건지도 잊어버렸어.

지난주에 공 줍기 대회에서 꼴찌를 했을 때처럼 심하게 우울할 땐 뭘 어떻게 해야 할지 모르겠더라고.

그래서 네가 부럽다고 한 거야.

나를 그대로 내보이고 부정적인 기분도 잘 수용하면 몸도 마음도 한결 편해질 텐데.

무슨 말인지 잘은 모르지만… 네가 더 여유로워지면 좋겠어.

내 몸은 확실히 여유를 찾았어.

배터리가 충전될 때까지
기다려 보면

체력이 바닥났을 때는 잠시 쉬어 가려고 하면서 감정이 바닥났을 때는 애써 즐거워하기 위해 자신을 더 자극할 때가 있다.

사람은 환경에 적응하기 위해 감정이라는 에너지를 소모한다. 즉 '감정 소진'은 감정이라는 자원을 과도하게 사용해 피로해진 상태를 뜻한다. 이때 우리는 우울, 긴장, 충동적 분노를 느끼는데 이는 내면이 보내는 저항 신호다. 이런 상황에서 억지로 즐거움을 만들어 내봤자 더욱 지칠 뿐이다.

우울할 때는 잠시 우울하게 있어보자! 인생은 길다. 그러니 배터리가 충전될 때까지 기다릴 줄도 알아야 한다.

인생은 짧고
밥 먹는 시간은 소중해

난 밥 먹는 일만큼은 항상 진지하게 해. 이건 단순히 초밥을 먹는 행위가 아니야.

한 입씩 음식을 삼키는 건 어떻게 보면 인생을 소비하는 일이야. 왜 이 시간을 더 가치 있게 쓰지 않지?

음식이 배 속에 들어가면 내 몸의 일부가 되니 먹는 일을 가볍게 생각해선 안 돼.

와, 이 연어 좀 봐. 최고급은 아니지만 눈 돌아가게 맛있어 보여.

안 되겠어.
연어가 자신의
사명을 다할 수 있게
얼른 도와줘야지.

와, 정말
부드럽고 촉촉해.

생각해 봐.
한 끼를 먹어서
살만 찌울 뿐 맛을
음미하지 않는다면

우리가 사람하고
다를 게 뭐야!

밥을 다 먹고 입맛을
다셨을 때 방금 먹은
맛이 기억나지 않는 거,
세상에서 제일 싫어.

나중에 후회해도
돌이킬 수 없어. 살면서
지금과 완벽히 똑같은
경험을 하는 건 불가능해.

좁은 의미에서
생각해도 그건 음식을
향한 예의가 아냐.
밥값을 돌려받을 수도 없고.

한 끼에 1만 원이라 치면
배를 부르게 한 값은 많아봐야
2,000원. 나머지 8,000원은
맛과 경험의 값이야.

음식을 배를 채우기 위한
도구로만 여기지 않는 거,
그게 삶을 즐기는 첫걸음이야.
이건 월세살이와 비슷해.

방을 얻어놓고
침대에 누워 잠만
잘 거면 방세가
너무 아깝잖아!

김도 정말
맛있어 보여.

간도 기름기도
적절하고 향도 진해.
식감은 좀 떨어지네.
마트 제품인가 봐.

그래도 여전히 행복해지는 맛이야! 고등 동물인 우리는 하등 동물들과 달리 음식의 맛을 즐길 줄 알아. 그러니 이걸 즐기지 않는다면 고등 동물의 장점을 포기하는 거야.

묘생에서 무슨 일이 있어도 고집하는 게 하나 있다면 모든 음식에 열정과 애정을 쏟는 거야.

패스트푸드여도

행복해!

행복을
음미하는 방법

먹는 데 진심인 사람은 모든 음식에 열정을 쏟으며 행복을 음미한다.

'음미한다'라는 행위는 주위에 적극적으로 관심을 가지며 즐거움과 행복을 더 많이 느끼는 일이다. 예를 들면 음식의 향, 씹으면서 느끼는 식감, 음식을 다 먹은 후 입안에 남은 맛은 우리에게 만족을 준다. 이렇게 음식을 음미하면 메뉴가 바뀌더라도 삶을 누리고자 하는 마음을 지킬 수 있다.

끼니를 대충 때우지 말고 음식을 먹는 데 시간을 들여라. 그리고 맛을 즐기며 먹어라. 행복을 누리려는 본능을 저버리지 말자.

불안해하며
살지 않아도 괜찮아

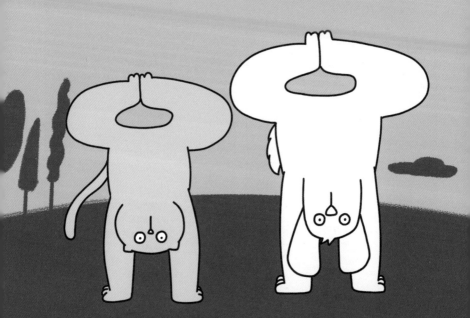

1,373, 1,374, 1,375, 1,376….

고양이란 동물은 천성이 지루한 걸 못 참나 봐. 몸이든 마음이든 하나는 바빠야 해.

혼자서 바둑을 둬봤어? 늘 필살의 다짐으로 심사숙고한 끝에 돌을 놓게 돼.

이기려고 한 수 무르기라도 하면 내가 나랑 말싸움도 해.

좋네!

전에는 문득 할 일이 없는 거야.
양손으로 휴대전화를 쥐었는데
어느 앱을 켜야 할지 몰라서
당황했어.

그거 알아? 엄지손가락을 들었는데
그걸 놓을 데가 없는 상태. 휴대전화를
손으로 받쳐 들고도 아무것도 할 수
없을 때, 그땐 슈뢰딩거의 휴대전화*가
되어버리는 거지.

그래서?
그다음에 어떻게 했는데?

* '슈뢰딩거의 고양이'를 빗댄 말. 절반의 확률로 유독 가스가 나오도록 설계된 상자에 고양이를 넣었을 때 상자를 열어보기 전에는
  고양이가 살아 있기도 하고 죽어 있기도 하다는 사고 실험으로 코펜하겐의 양자역학 해석을 비판하고자 슈뢰딩거가 고안했다.

41

메신저 앱을 열어 친구 목록에서 이름이 낯선 몇몇 애들을 삭제해 버렸어.

쯧쯧, 무료함의 희생양이군.

별로 중요하지 않은 희생양이지. 난 무료함을 달래려고 옷도 개. 제철인 옷, 철 지난 옷을 전부 꺼내서 개고, 일부러 어지럽힌 후에 다시 개고.

단순하고 기계적으로 반복하는 행위는 그동안 말로 설명할 수 없는 무언가를 느끼게 해.

단지 풍경을
보고 싶다는 이유만으로
한 번도 안 타본
버스에 탄 적 있어?

아니. 되게
문학 소년다운 말이네.

나도 없어.
그런데 무료함을 달래는
방식치고는 아주 낭만적이야.
다음에 한가할 때 같이 타볼까?

난 별로. 무료할 땐 아무것도 안 하고 가만히 있는 편이라.

너무 소극적인 거 아냐? 혹시 무료해서 불안하지는 않아? 인생을 의미 없이 낭비하는 것 같아서 걱정된다든지?

난 너무 불안해하며 살고 싶지 않아. 인생을 조금도 무료하게 보내서는 안 된다고 규정지을 수 있는 사람은 없어.

맞는 말이야.

무료함은 인생을
위협하지 않는다

사람들은 무료한 순간에도 자꾸 무언가를 하고 싶어 하지만 정작 명확한 무언가를 찾지 못한다.

무료함 자체는 문제가 아니다. 문제는 무료함을 '인생의 위협'으로 여기는 것이다. 바쁘게 움직이며 1분, 1초까지 잘 사용하면 의미 있는 인생처럼 보이겠지만 인생의 의미를 누가 정의할 수 있을까? 조금 무료하게 시간을 보낸들 그게 무슨 잘못인가?

무료한 순간을 너그럽게 받아들여 보면 어떨까. 눈앞의 1분을 걱정하기엔 인생은 아주 길다.

애쓰다 보면
건망증이 찾아온다

47

그래서 거실 가운데에 멍하니 서 있었어. 세상에 혼자 남겨진 고양이처럼 말이야.

그러다가 뭘 하려고 했는지 생각났어?

아니, 아마 물 마시려고 했겠지. 이젠 습관성 건망증이 생겼다는 사실을 받아들였어.

네가 그만큼 애쓰며 살고 있다는 증거야.

점점 철학적인 방식으로 날 위로하는구나. 내가 애쓰는 게 보여?

주의력도 일종의 자원이야. 한정된 자원. 건망증을 겪는다는 건 네가 중요한 일에 집중하고 있다는 증거야. 중요한 일이 너무 많으면 물 마시기 같은 건 사소해 보이잖아. 건망증이라기보다는 네가 능력 있는 고양이라서 그래.

믿어볼게.
그러고 보니 방금 산
호두참깨죽
환불해야 하는데.

앗, 세상에!
털 핥기 대회에
참가비 내는 걸
까먹었어!

나 건망증 맞잖아.
또 위로할 생각 하지 마!
주의력이 자원이니 어쩌니
하는 건 다 헛소리야.
당장 의사를 만나야 해.
정신과에 가봐야겠어!

그렇게
대회에
나가고
싶었어?

당연하지!
부모님이 털 핥기
고수라서 내가
그 재능을
이어받기를 원하셔!

네 건망증은
왠지 의도적인
것처럼 보여.

50

내키지 않거나 거절할 수 없는 일들을 마주할 때 잠재의식은 그걸 잊어버리는 쪽을 선택하는 것 같아. 무언의 반항이랄까. 참가비를 안 냈다는 사실을 알았을 때 짐을 던 것 같지 않았어?

아니라고는 말 못 해.

우리는 매일 많은 정보를 접하니까 그 양이 대뇌의 수용 범위를 벗어날 수밖에 없어. 일시적인 건망증은 본능이자 자신을 보호하려는 방어 기제야.

그래서 넌 오늘 나를 왜 불러냈는데?

기억 안 나.

이유는 안 중요해. 네가 나온 게 중요하지.

51

주의력은
한정된 자원

가끔 어떤 일을 떠올리려고 아무리 애를 써도 생각나지 않을 때가 있지만 걱정할 필요 없다. 이러한 간헐적 건망증은 사실 주의력이 벌이는 방해 공작이다.

사람의 주의력은 한정된 자원으로 대뇌의 모든 정보를 선별해서 지금 가장 중요한 일에 집중하도록 돕는다. 그래서 애써 지난 기억을 떠올리려 할 때 주의력은 우리가 기억하려는 일을 쥐어 짜낸다.

"할 얘기가 있는데… 아, 내가 무슨 말을 하려고 했더라?"

생각나지 않을 때는 그냥 생각하지 말자. 당신이 잊어버린 그 일은 그다지 중요하지 않았을 것이다.

누군가에게 부탁을 받을 때
경계해야 할 것

집사가 화가 많이 났어.

메시지를 두 개 받고부터 저렇게 툴툴거려.

"바쁜 거 알면서 꼭 이래. '미안한데, 미안한데'라니, 정말 미안하면 얘기를 꺼내지 말든지" 이러더라고. 소리를 지르면서 키보드를 탕탕 내려치는데 들어가 볼 엄두가 안 났어.

분명 '부정적인 매너'에 당했을 거야.

그게 뭔데?

"지금 많이 바쁜 거 알지만 오는 길에 통조림 하나 사다 줄래?" 이렇게 상대의 입장을 헤아리면서 말하면 부탁을 더 쉽게 들어줘.

음…. "널 귀찮게 하고 싶진 않은데, 바쁜 거 알지만 오는 길에 통조림 하나 사다 줄래?" 상대의 입장을 헤아리는 동시에 주저하는 느낌을 더하면 성공 확률이 높아지겠군.

"널 귀찮게 하고 싶진 않은데, 많이 바쁜 거 알지만 달리 방법이 없어서. 날 절친으로 여긴다면 오는 길에 통조림 하나 사다 줄래?"

이렇게 공감, 망설임, 미안함을 담아 말하면 상대는 마음이 약해져서 거절할 수 없어.

집사가 그래서 화났구나. 가장 완곡한 표현으로 가장 어려운 부탁을 해서 거절할 수 없게 만들었어.

56

부정적인 매너니
뭐니 다 헛소리야.
결국엔 꼼수잖아.

왜 때리고 그래?
꼼수가 다 나쁜 건 아냐.

타인과 교류할 때는 대부분
모종의 목적이 있어.
선택지는 세 가지야.
직설, 완곡하게 말하기,
말하지 않기. 완곡한 화법은
일종의 절충안이야.

이렇게 말하는
방식이 싫다기보다
말속에 담긴
강압적인 의도가
싫은 거겠지.

맞아.
난 직설이
더 좋아.

나 통조림
하나 사다 줘.
거절해도 괜찮아.

당연하지.

좋아, 거절할게.

이미 가져왔거든.

'부정적인 매너'도
합리적인 소통법

약소하거나, 해결법이 막막하거나, 안쓰러운 부탁을 받았는데 거절하기 힘든 적이 있었나? 아마 상대가 '부정적인 매너' 화법을 사용했기 때문일 것이다.

그들은 당신의 의중을 헤아리며 당신의 입장에서 문제를 바라본다. 무언가를 부탁하는 순간에도 다소 머뭇거리거나 심지어 진심으로 미안해한다. 일단 마음이 약해지면 당신은 그들의 부탁을 쉬이 거절할 수 없을 것이다. 언뜻 꼼수같아 보이지만 부정적인 매너도 인간관계를 조율하는 방법 중 하나다. 직설이나 말을 안 하는 것에 비하면 합리적인 의사소통 방식이다.

다만 경계해야 할 점이 있다. 만약 상대의 말에서 강압적인 의도를 느낀다면 그때는 마음을 굳게 먹어야 한다!

난 진짜
싫다고

아보카도 진짜 맛있어. 간장을 조금 넣으면 연어랑 맛이 똑같아. 한 입만 먹어봐.

난 됐어.

왜? 맛있고 건강에도 좋잖아.

요즘 아보카도 먹는 게 유행이야. 모델들의 다이어트 식단에도 아보카도가 들어가.

알아.

나도 인터넷에서 사람들이 먹는 거 많이 봤어. 그런데 난 안 먹고 싶어.

아보카도는 비타민도 풍부하대.

그렇다니 참 좋네.

자, 한 입만 먹어봐. 먹어도 안 죽어.

당연히 안 죽겠지. 그냥 내가 안 좋아할 뿐이야.

이것만 먹으면 별로일 수 있는데 말린 생선을 넣으면 꿀맛이야.

말린 생선은 괜찮은데 아보카도 넣은 건 안 먹고 싶어.

한 입만 먹어보라는데 그게 그렇게 어려워?

아보카도를 안 좋아하는 게 이상해?

맛있으니까 너랑 나누고 싶어서 추천하는 거야.

자신이 옳다고
여기는 일을 하라

자신이 뭘 원하는지 아는 사람은 그것이 다인이 바라는 바와 같지 않더라도 생각을 바꾸지 않는다. 이는 주관이 뚜렷한 사람만이 할 수 있는 행동이다.

진정한 자아에 관한 연구 중에서 중요한 개념이 하나 있다. 바로 '자기일관성'이다. '자기일관성'이란 태도, 신념, 가치관 등과 행동이 일치하는 정도를 말한다(종먼-세레노Jongman-Sereno와 마크 리리Mark Leary, 2019). 자신이 옳다고 여기는 일을 하고, 가치관에 위배되지 않는 삶을 사는 것은 나다워지기 위한 중요한 조건이다.

외부의 기준과 내면의 기준이 충돌할 때 자신의 가치관에 따라 행동하는 일. 이것은 매우 용감한 행동이다!

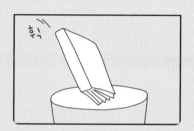

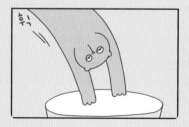

2 회복의 3분

어떤 상처는 더디게 아문다

사람들은
"다 걔를 위해서
그러는 거야"라고
말하지만 내 경험상
그건 화자 자신을 위한
행동이야.

"좋아하는 걸 고르면 옳은 선택이 될 가능성이 커져.
중요한 건 내 선택을 사랑하는 거야."

네가 실패하더라도
널 사랑해

지금 뭐 봐?

쉿. 소리 낮춰. 이 집 남자애가 또 시험을 망쳐서 울고 있어.

쯧쯧, 겨우 열 살인데 이렇게 스트레스를 받다니.

내가 오래 지켜봤거든. 이미 시험에 공포, 싫증, 거부감이 생겨서 뭘 해도 실패할 거라 여기는 게 분명해.

부모는 계속 "괜찮아, 다음에 잘하면 돼. 우린 널 믿어" 이렇게 위로하고 있어.

가족들이 위로해 줘서 다행이야. 아이가 너무 좌절하지 않았으면 좋겠어.

실상은 그렇지 않아.

부모가 위로해도 아이는 전혀 밝아 보이지 않아. 부모가 없을 땐 이불 속에 머리를 박고 떨거나 침대에 멍하니 앉아 있어.

아이의 마음속 외침이 들리는 것 같아. '나는 날 못 믿겠어요. 그러니 절 믿지 마세요. 시험을 완전히 망쳤어요. 난 못해요.'

그게 들렸어?

분명 이렇게 생각했을 거야.

아이는 오랫동안 실패를 겪으면서 '학습된 무기력'에 빠진 것 같아.

또 새로운 용어네. 무슨 뜻이야?

아무리 노력해도 나아지지 않으니 자신을 믿지 못하고 현실에 휘둘리다가 도전을 멈춘 상태를 말해.

딱 지금 상황이네.

"우린 널 믿는다"라는 부모의 말에도 문제가 있어.

"믿는다"라는 건 언뜻 만병통치약 같지만 결국 별 고민 없이 내뱉는 무성의한 격려 같아.

아이는 내면의 불안과 두려움, 무력감에 대한 배려와 관심을 받지 못했어. 아이는 부모가 자신을 진짜로 믿는 게 아니라고 여길 수도 있어.

"널 믿는다"라는 말에는 다음 시험을 잘 치르길 바란다는 기대가 담긴 것 같아.

그렇다면 상황은 더 심각해져. 학습된 무력감에 빠진 사람은 지속적인 시도에 강한 거부감과 두려움을 느껴. 그 말은 더 큰 스트레스를 줄 거야.

비슷한 상황에서 내가 가장 듣고 싶었던 말은 "힘내", "널 믿어" 이런 게 아니었어.

나는 "포기해도 돼"라는 말을 듣고 싶었어. 발버둥을 멈춰도 괜찮다며 누군가가 나를 출구로 데려가길 원했거든.

그 말을 들으면 진짜 이해받았다는 생각이 들 것 같아.

맞아. "널 믿어"보다 "네가 실패해도 널 사랑해"라고 말해주는 게 훨씬 의미 있어.

안쓰러워. 아직도 울고 있어.

내가 가서 쓰다듬어 주면 기분이 좀 나아질까?

성공할 수 있다는 사실을
믿지 못하는 사람에게

"나 더는 못 하겠어"라는 말의 이면에는 학습된 무기력이 내포되어 있다. 이 말을 내뱉었다면 오랫동안 반복된 실패 탓에 전혀 성취감을 느낄 수 없는 상태일 것이고 극도의 불신, 나아가 열등감마저 일어날지 모른다.

학습된 무기력에 빠진 사람들은 자신이 성공할 수 있다는 사실을 믿지 못한다. "우린 널 믿는다"라는 격려를 듣고 기대에 부응하고자 계속 도전할 수도 있지만 실패를 반복하면 강한 두려움과 거부감이 일어나 오히려 학습된 무기력을 가중한다.

상대의 무력감과 실패를 포용해 주자. "네가 성공할 거라고 믿어"라는 말 대신 "실패해도 널 사랑해"라는 말이 상대에게 더 의미 있는 격려로 와닿을 것이다.

5시간 하고도
37분이야.

줄곧 같은 자세로
고개 한 번 안 들더니
이제야 외출했어.

다음 10분간은
점심시간이야.

말도 안 돼. 밥을
10분 만에 먹어?

모르나 본데 모범생은 원래 그래. 한정된 에너지를 끝없는 공부에 최대한 쏟아붓는 거지.

이해가 안 돼. 밥 먹는 일보다 공부가 중요해?

모범생은 그래. 저 애가 밥 먹는 걸 본 적이 있어. 무표정한 얼굴로 말없이 음식을 씹더라고.

안 되겠어.
내가 교육 좀 하고 올게.
잘못된 건 바로잡아야지.

소용없어.
시험 준비 중이잖아.
이번에 꼭 좋은 학교에
붙기를 부모님이
바라고 계셔.

부모님이 엄청 엄격해.
지난번엔 아이 앞에서
손가락질하면서
소리치더라고.
"남들이 다 하는 걸
넌 왜 못해?"

남들이
한다고 쟤도
꼭 해야 해?

쟤는 쟤고
남은 남이잖아.

포인트를 정확히 짚었어.

사람들은
남과 똑같이
성공하고 싶어 해.
참 이상하지.

사람마다 성격,
성장 환경,
관심사가 다른데
모두 같은 목적지에
이르려고 해.

말이 샜는데,
그게 10분
만에 밥을
먹는 이유야?

난 말린 생선을
맛있게 먹고 그게
얼마나 맛있는지를
표현할 때 정말
행복해.

'공통된 목적지'라는 게
어디 있어?

그러게. 누군가가
산 정상에서 일출을
보고 싶어 한다고
해서 모두가 그것을
가장 아름답게
여기지는 않는데.

너라면 산
중턱에서 네가
좋아하는 나무를
찾겠지.

다른 사람이 정한
목적지에 도달하기
위해 노력해야
하다니, 듣기만
해도 우울해.

모든 사람의
목적지가
산 정상은 아니야.

분위기에 휩쓸려
서둘러 달리지 말 것

남과 똑같이 성공하려는 심리는 '추락할지도 모른다'라는 두려움 때문일 것이다.

성공할 수 있는 길이 다양한데도 사람들은 똑같은 성공 모델을 모방하려 한다. 사람은 모두 다른데 그 성공이 개인의 개성에 적합한지는 고려하지 않는다. 한 형태의 성공을 맹목적으로 좇는 것은 농구선수가 장거리 육상선수와 달리기 시합을 하는 일과 같다. 성공을 추구하는 과정은 등산과 같아서 누군가는 산 정상에서 일출을 보기를 갈망하는 한편 누군가는 산속에서 측백나무를 감상하고 싶어 할 수도 있다.

분위기에 휩쓸려 서둘러 달릴 필요는 없다. 당신의 목적지도 어쩌면 산 정상이 아닐 수 있다.

사람을 조종하는
최고의 도구, 죄책감

집사가 또
어머니와 싸웠다며?
이번 달만
벌써 네 번째야.

그래서 걱정이야.
어머니가 진짜
지독한 게 온종일
말을 바꿔가며
잔소리만 수십
번씩 하고 있어.

그거 잘됐네.
나도 매일
네 집사한테
수십 번
혼나잖아.

그거랑 달라.
집사의 어머니는
빙빙 돌려
말하는 데 선수야.

"너한테 좋은 것을 먹이려고 큰 짐을 몇 개씩 들고 와서 매일 아침밥을 차려주잖니. 이게 어디 쉬운 줄 아니?"

"엄마들이 다들 나 같은 줄 아니? 넌 노력도 안 해, 말도 안 들어, 할 줄 아는 거라고는 자고 그림 그리고 휴대전화 만지고 저 망할 고양이를 종일 끌어안고 있는 게 다잖아."

그 망할 고양이가 바로 나야.

쯧쯧, 네 집사는 반응이 어때?

참 아이러니해. 곧 서른이면 자기 일은 알아서 할 법한데 매일 가족들에게 이러쿵저러쿵 잔소리나 듣고 있어.

어머니가 고생하는 걸
봐서 그런지 거절하거나
반항도 못 해. 어머니가
시키는 대로 원하지 않는
직장에 이력서를 넣고
좋아하지도 않는 사람을 만나.

그렇구나.
죄책감을 유도하는
전형적인 수법이야.

뭐?
어머니의
수법에
넘어간 거야?

응, 이런 꼼수에
능한 사람이
아주 많아.
상대에게 죄책감을
느끼게 해서 목적을
달성하는 거지.

우선 자신의 힘들고 약한
점을 내세워서 다른 사람의
동정을 얻어. 그런 후에
화제를 바꾸면 심리적으로
자신의 고생이 상대의
잘못으로 귀결되는 거야.

예를 들면 이래.
"내가 이렇게 묵묵히
고생하는데 날 무시하고
반항하려 들다니,
너 때문에 정말 속상하구나."

그렇게 자발적으로
미안함을 느끼다 보면
네 집사처럼 영문도
모른 채 타인이
시키는 대로 살게 돼.

책임을 덮어씌우는 거지.
이런 말을 들으면 나는
잘못한 게 없다고 느끼면서도
한편으로는 알 수 없는
죄책감 같은 게 생겨나거든.

네가 말한
과정이 정확해.
요즘 매일 집
안에서 연기를
하는 듯한
대화가 오갔거든.

효과가 있었겠지.
어머니도
무의식 중에
그런 대화 방식이
버릇이 된 거야.

친밀한 사이에서
죄책감은 폭풍우처럼
사람을 휘감지는 않아.
오히려 개미가 나무를 갉아
먹듯이 신뢰와 포용력을
천천히 잠식시켜서
한순간에 무너뜨려.

집사가
요즘 너무
지쳐 보여.

집사도 각성해야 해.
죄책감을 느끼기 전에
자신이 진짜 잘못
했는지부터 확실히
짚어봐야지.

잘못이 없는데도
잘못했다고 여기는 건
상대에게 통제당할
빌미를 주는 거야.
그러면 죄책감을 느끼고
속죄하는 악순환이 일어나.

그런 인생을
살 필요는 없어.

감정 협박자에게서
벗어나라

'감정 협박'은 일상 중 의식하지 못하는 순간에 종종 일어난다.

감정 협박자는 짙은 안개로 자신의 행위를 덮으려 하는데 이때 흔히 볼 수 있는 안개가 바로 '죄책감'이다. 감정 협박자는 자신의 괴로움과 상대의 행위를 연관 지어 상대에게 죄책감을 느끼게 만든다. 상대는 그들의 요구를 당연히 이행해야 할 의무라고 여긴다.

누구를 만나든 당신이 늘 죄책감을 느끼고 양보해 왔다면 경각심을 가져야 한다. 상대가 혼자 해결할 수 있는 어려움은 온전히 그의 몫이다. 모든 것을 당신이 책임져야 할 이유는 없다.

어떤 상처는
더디게 아문다

내 앞발에
가시가 하나
박혔거든.

발가락이
어찌나 아픈지
아무 일도
못 하겠더라고.

하루, 이틀, 사흘….

아프다 못해
나중에는 가시를
뽑을 기운조차
없더라니까.

그래서 생각했지.
그냥 이렇게 두자.
더 심해지더라도
일단 이렇게 두자고.

그러다가
오늘 갑자기
가시가 생각났어.

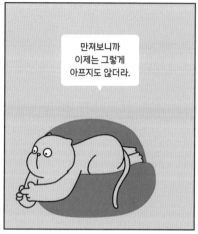

만져보니까
이제는 그렇게
아프지도 않더라.

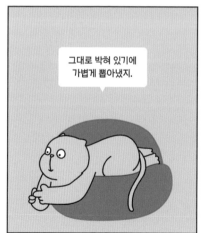

그대로 박혀 있기에
가볍게 뽑아냈지.

문득 인생을 길게
봐야겠다는 생각이 들었어.
어떤 일은 참기 힘들 만큼
나를 아프게 하지만
괜찮아지는 날이
반드시 오니까

상처를
시간에 맡길 것

상처를 겪지 않고 살 수는 없다. 상처를 대하는 좋은 방법은 그대로 두는 것이다.

심리 상담의 수용-전념치료법ACT, Acceptance & Commitment Therapy으로 설명하자면 '그대로 두는 것'은 '자신의 감정과 기분을 그대로 수용하고 현실적으로 유효한 행동을 이끌어 내는 일'이다.

지나간 상처만을 계속 들여다보느니 현재의 삶에 더 많이 관심을 쏟아보면 어떨까. 시간은 상처를 아물게 할 것이고 그동안 당신은 원하는 답을 찾을 수 있을 것이다.

놓친 것은
항상 더 좋아 보인다

뭐 보고 있어?

친구들 SNS.
절친들이 지금
파티 중이거든.
뭘 하면서 노는지
궁금해서.

모임에 안 가면 재미있는 일을 놓친 듯한 기분이야. 이런 기분 알아?

옛 짝꿍의 소식이나 절친의 최근 연애 스토리, 재미있는 이야기, 이런 것들 말이야.

잘 모르겠어. 그런 걸 놓치면 뭐가 달라져?

광범위하게 가치 측면에서 보면 딱히 의미는 없지. 하지만 현실적인 측면에서 보면 달라. 다음에 친구들이 모이면 지난 파티를 얘기하면서 웃을 텐데 너 혼자 그게 무슨 말이냐고 묻기 불편하지 않겠어?

그건 좀 그래.

회사에서도 마찬가지야. 나만 비흡연자면 동료들이 담배를 피우러 나갈 때 교류할 기회를 놓치는 것 같아.

그렇게 생각할 수도 있겠네.

한번은 친구가 모임에 나를 초대했는데 멀어서 못 갔단 말이야. 그런데 그날 유명한 감독이 왔대. 단번에 유명해질 기회를 놓친 것 같아서 엄청나게 후회했어.

알겠어, 그런 걸 '놓치는 것을 향한 두려움'이라고 해.

이해득실을 따질 때 생기는 불안감이야. 내가 없는 자리에서 사람들이 더 의미 있는 일을 할 것만 같은 거지.

그런 것 같아.

그래서 실제로 대단한 일을 놓쳤어?

왜? 초대받았으면 가야지.
우리가 술 약속을
하긴 했지만 넌 한 모금도
안 마셨잖아.

진지하게 고민해
봤는데 크게 의미
있는 일이 생길 것
같진 않더라고.
아마 갔더라도
지금쯤 놓쳐버린
다른 것을 떠올리며
걱정했을 거야.

예를 들면?

중요한 일은
현재 일어나고 있다

　세상을 시끌벅적하게 달구는 뉴스, 쉴 새 없이 깜박이는 메시지 알림창은 제각기 다양한 방식으로 우리의 일상을 잠식하고 있다. 그 속에서 우리는 자칫 중요한 일을 놓쳐버릴까, 잘못된 결정을 내리지는 않을까 계속 망설이며 자책한다.

　사실 이 모든 일은 '뭔가를 놓치는 것을 향한 두려움'이 벌이는 훼방 작전이다. 이해득실을 따지는 과정에서 불안이 생겨나고, 내가 없는 자리에서 사람들이 무언가 의미 있는 일을 할 것만 같은 생각이 들도록 만드는 것이다.

　휴대전화를 내려놓자. 친구들의 SNS도 그만 들여다보자. 중요한 일은 현재 당신에게 일어나고 있고 지금 곁에 있는 사람이 가장 중요한 사람이다.

누군가가
내 곁을 떠났을 때

무슨 일 있어?

나도 모르겠어.

너 전혀 괜찮아 보이지 않아.

갑자기 한 친구가 생각났어. 몇 달 전만 해도 여기서 같이 낚시를 하고 말린 생선도 구워 먹었거든.

그런데?

이미 오랫동안 걔를 못 봤는데 새삼 전혀 실감이 안 나.

무슨 일이 생겼어?

영화를 보고 나오는데
늦은 시간에 남은
팝콘을 들고 큰길을
건너다가… 그 애가
교통사고를 당했어.

이 강을 건너다가 문득
깨달았어. 함께 낚시하던
친구가 정말로 떠나버렸구나.
다시는 소식을 전할 수 없는
사이가 되었구나.

가까운 이와의
이별은 사람,
고양이 할 것 없이
다 겪는 일이야.

한동안
내가 감정이
메마른 동물인
줄 알았어.
친한 친구를
잃었는데
전혀 슬프지
않았거든.

슬픔에 무감각해지는
건 정상이야. 일종의
방어 기제랄까. 처음
큰 슬픔을 마주했을 때
많은 사람이 어떻게
반응해야 할지 몰라서
감정을 억눌러.

넘어져서 다리를 다친다면 다친 직후에는 크게 아프지 않을 거야. 오히려 며칠 지나서 통증이 심해지지. 통증은 상처가 아물기 시작한다는 신호야.

처음 십여 분 동안은 친구를 잃었다는 슬픔이 너무 강렬했어. 이렇게 슬펐던 적이 없었거든.

내가 처음 이별을 겪은 순간은 너랑 달랐어.

그 애가 병에 걸려 떠난 사실이 믿기지 않아서 눈물도 안 났어. 뭔가 잘못됐다고, 언젠가 돌아올 거라고 믿었거든.

오랫동안 습관처럼 간식을 하나씩 더 사고, 야식을 먹을 때도 무의식적으로 메시지를 보내면서 걔를 찾았어. 네가 날 괴롭힐 땐 제일 먼저 그 아이에게 찾아가 하소연하려고도 했어.

물론 답장이 없어서 잠깐씩 마음이 허전했지. 참 이상한 건 그 후로도 계속 똑같은 행동을 했다는 거야. 습관을 어떻게 쉽게 떨쳐내겠어?

그러다가 하루는 둘이 함께 부르던 노래가 들려오는데 나도 모르게 큰길에서 갑자기 대성통곡을 해버렸어.

울고 나니 속이 뻥 뚫린 것 같았어. 비로소 그 애가 떠났다는 사실을 받아들일 수 있었지.

그러고는 깨달았어. 습관처럼 그 애를 찾고, 그때마다 상실감을 느끼고, 지금 너처럼 무감각해지는 경험이 사실은 또 다른 형태로 떠난 이를 그리워하는 방식이라는 사실을 말이야.

우린 모두 용기를
내고 있는 거야.

상실을 마주할 용기가
쌓인 후에 마음속 우울과 슬픔을
다 쏟아내면 감정 인지 능력이
천천히 회복돼. 애도가 완성되어야
새롭게 출발할 수 있어.

이별의 과정은
매우 길고, 각자 느끼는
감정도 조금씩 달라.

울고 싶으면 마음껏 울어.
내가 옆에 있어줄게.

아픔은
치유의 과정

많은 젊은이가 가족이나 친구를 잃는 등 처음으로 상실을 겪을 때 어찌할 바를 모르겠다고 말한다. 누구나 살면서 반드시 상실을 겪는다. 상실을 겪은 후 알 수 없는 기분에 휩싸이거나 괴롭고 무감각한 날들이 이어져도 그 상황에서 서둘러 빠져나오도록 자신을 재촉할 필요는 없다. 아픔은 치유의 과정이며 사라지기까지 아주 긴 시간이 필요하다.

어느 영화에서 이런 대사가 나온다.

"슬픔의 파도가 해안을 덮치게 돼. 마음속 가장 어두운 구석에서 새로운 힘이 자라날 때까지 계속해서 용감하게 파도를 넘어. 애도가 끝나면 다시 시작할 수 있어."

울고 있는 친구를
대하는 법

하아….

아무 말도 하지 마.

나도 알아. 잠시 슬퍼하고 싶을 뿐이야.

슬픔을 마음껏
털어버리도록

울고 있는 친구를 마주하면 우리는 그가 우는 이유를 급히 알아내고, 당장 슬픔에서 빠져나올 방법을 찾아주려 한다. 하지만 그렇게 하기보다는 친구의 기분을 포용하고 슬픔을 마음껏 털어버리도록 편안한 환경을 만들어 주는 것이 가장 좋다.

"괜찮아. 내가 잠시나마 너와 함께 슬퍼해 줄게. 내 앞에서는 언제나 강한 척 하지 않아도 돼."

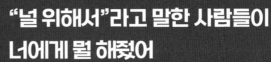

"널 위해서"라고 말한 사람들이
너에게 뭘 해줬어

응가 다 묻으면 올게.
방해해서 미안해.

이리 와!
그냥 스트레스
푸는 중이었어.

스트레스 푸는
방법이 독특하네.
무슨 일인데?

다 노랑이 때문이야.
개만 보면 반사적으로
화가 나. 내 마음속
'입만 살아서 실속 없는
고양이 순위'에서는
진작 걔가 1위였어.

그제 노랑이가 로봇 청소기를 써보고 싶어 해서 시중에 나와 있는 제품의 사이즈랑 주의 사항을 쭉 읊어줬거든.

그런데 어제 로봇 청소기는 싫증이 났다면서 이번에는 인간용 변기를 써보고 싶다는 거야. 내가 그 방면에서는 고수잖아. 그래서 오늘 이것저것 가르쳐 주려 했더니 방금 낚시를 갈 거래.

이렇게 흥미가 3분을 안 가는 고양이가 어디 있니? 그러면서도 남을 부러워하고, 이참에 그 버릇을 고쳐놔야겠어.

듣고 보니 문제가 좀 있네.

그렇다니까!

노랑이 말고 너 말이야. 왜 네가 더 조급해 보이지?

응? 친구가 무엇도 이루지 않고 뒤처지는 걸 보고 있을 수만은 없잖아.

왜 노랑이가 뒤처질 거라고 생각해?

그럼 아니야?

내가 보기에는 노랑이의 생활 방식은 별문제가 없어.

그건 그래. 나름 편안한 일상을 보내고 있지.

그렇지만 말만 하고 실천하지 않는 건 분명 잘못됐어. 노랑이의 그런 태도만 보면 마음이 급해져서 고쳐주고 싶어. 다 걔를 위해서 그러는 거야.

사람들은 "다 걔를 위해서 그러는 거야"라고 말하지만 내 경험상 그건 화자 자신을 위한 행동이야. 생각해 봐. 너도 너만의 기분에 맞춰서 걔를 입만 살아 있는 고양이라고 판단했는데 걔가 그러는 게 왜 잘못이야?

그런 고양이가 되고 싶지 않은 건 너겠지. 네가 그걸 두려워하는 거야. 그래서 노랑이를 내버려 두지도 못하고 걱정까지 대신 하고 있어. 넌 노랑이를 이용해서 네 두려움을 잠재우고 싶은 거야.

너무 예리해서 반박을 못 하겠어.

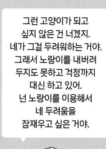

노랑이는 사람들의 변기를 멋지다고 생각했을 뿐 쓸 마음은 없었을 거야. 걔도 성인이고 자신의 가치관과 행동 양식이 있을 테니 알아서 하게 둬.

남을 바꾸려 하지 말고 네 두려움의 원인을 찾아.

와, 내 인생 전반부에서 이루지 못한 수십 가지 바람을 네가 일깨워 줬어!

'입만 살아서 실속 없는 고양이' 1위가 나였다니. 남 걱정까지 대신 하면서 말이야!

고양이로 살기 힘들다. 묘생이 너무 팍팍해!

진짜 바꾸고 싶은
대상은 자신

우리는 살면서 "널 위해서 그랬다"라는 말을 자주 듣지만 이것은 함정이다. 누군가가 이런 생각을 떠올렸다면 사실은 상대에게 자신의 무언가를 투영하고 있는 것이다.

우리는 누군가의 나쁜 습관을 고쳐주고 싶어 하지만 진짜로 바꾸고 싶은 대상은 자신일지도 모른다. 남의 잘잘못을 가려주고 싶어 하는 이유는 자신의 인생을 통제하는 능력이 부족해서일 수도 있다. "널 위해서"라는 말은 친절하고 정의롭게 들리겠지만 상대를 진정 돕고 싶다는 뜻은 아니다. 오히려 다른 사람을 이용하여 자신의 감정을 다스리는 방식에 가깝다.

성인이라면 모두 자신만의 인생, 가치관, 행동 양식, 책임감을 지니고 있다. 그러므로 우리는 "널 위해서"라는 말을 하기 전에 '이 행위는 상대가 아닌 나를 위한 것'이라는 사실을 깨달아야 한다.

그 사람은 날
용서하지 않을 거야

기억나?

2년 전 가을, 지금처럼
가랑비가 부슬부슬 내리는
날이었어. 그날 그와 함께
있는 널 처음 만났지.

산들거리는 바람,
가느다란 빗줄기,
흙냄새까지
그날과 비슷해.

상실의
다섯 단계와 시간

고양이 털이 빠지고 머리카락이 한 가닥씩 사라지는 작은 상실조차 슬픔으로 다가올 때가 있다. 슬픔을 느끼는 정도는 사람마다 다르고 이 상실이 나에게 어떤 의미로 남을지는 자신만이 알 수 있다.

슬픔을 해결하기 위해서는 시간이 필요하다. 심리학자인 엘리자베스 퀴블러 로스Elizabeth Kubler Ross는 '상실의 다섯 단계'라는 이론을 제시했다. 다섯 단계는 부정, 분노, 타협, 우울 그리고 수용이다. 우리는 어떠한 상실을 겪더라도 위의 다섯 가지 감정을 반복해 느낀다. 이러한 감정이 일어나는 것은 정상이고 자연스러운 반응이므로 부끄러워하거나 걱정할 필요는 없다.

사람들은 모두 다른 형태의 상실을 겪고 저마다의 방식으로 슬픔을 해결한다. 나만의 작은 의식을 치르거나 다른 이에게 도움을 청하는 것도 좋은 방법이다. 삶은 계속 이어지고 있다. 그렇기에 우리는 함께 천천히 나아가야 한다.

불안하지 않은데
불안해야 할 것 같은 기분이
날 불안하게 해

고양이는 누구나 변해.
나도 예전과 달라.
너 초록이 알지? 초록이는
내가 본 애들 중에 가장
걱정이 많아. 탈모를 걱정해서
털에 좋다는 사료만 계속 사.

그러기엔 숱이
꽤 많아 보이던데.

앞발은 이미
듬성듬성
털이 빠지고
있어.

쯧쯧,
탈모는 정말
종과 성을
초월한 보편적인
근심거리야.

2등은 아래층
까망이야. 걔는 털이
까매서 밤이 되면
존재감이 없어진다고
불안해해.

132

기분이 좀 이상해. 주변 고양이들은 저마다 불안해하며 사니까 내가 비정상으로 보여.

불안은 마치 똥개 같아. 눈앞에 있을 땐 싫다가도 막상 안 보이면 어떡해야 할지 모르겠거든.

뭐, 똥개? 비하는 하지 마라.

미안, 말실수야….

네 말이 무슨 뜻인지는 알겠어. 사실 불안이 항상 나쁜 건 아니야. 불안도 우리의 요구를 충족해 주거든.

때로는 현실을 인식하게 하고, 순응하게도 하니까.

우리가 느끼는 안정감도 일부는 불안에서 와.

불안은 흔한 감정이고 삶을 보다 현실적으로 인식하게 하면서 살아 있다는 느낌을 줘.

다시 말하자면 누구도 불안을 피할 수 없고 피할 필요도 없어. 너처럼 지금은 불안하지 않지만 불안해야 할 것 같다면… 그것도 일종의 불안인 거야.

아, 나쁜 녀석. 너 때문에 불안해졌잖아.

불안과
공존하기

모든 일에 불안을 느낀다면 불안의 장점을 상상할 수 없다.

불안은 위험을 마주했을 때 느끼는 정상적인 감정 반응으로 보호 작용을 할 때가 더 많다. 예를 들어 자신을 보호할 능력이 부족한 아이가 부모의 부재를 느낀다면 불안해서 엉엉 소리 내어 울어야 부모의 주의를 끌 수 있다. 혹은 몸이 불편한 사람이 건강 때문에 불안과 걱정을 느낀다면 이 감각은 그를 병원으로 이끈다.

심지어 불안은 누구와도 말할 수 있는 공통된 화제이며 살아 있다는 감각을 느끼게 해줄 때도 있다. 누구도 불안을 피할 수 없다면 차라리 불안과 사이좋게 공존하는 법을 배우는 편이 낫다!

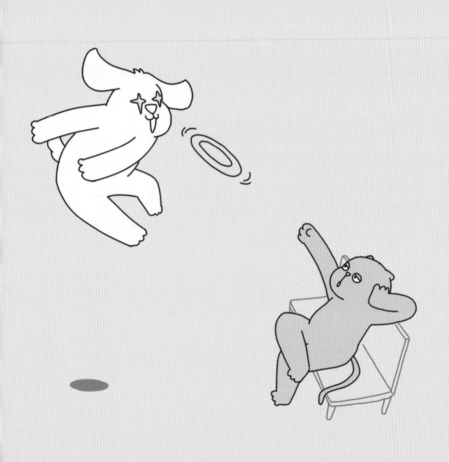

3 치유의 3분

우울은 자연스러운 감정이다

애정을 갖고 인내하면서
나무 타기의 정수를
가르쳤다면 네가
할 수 있는 일을 다 했어.
통제할 수 없는 일들은
늘 있게 마련이야.

내가 우울해지면
어떡하지

함께
있어준다는 것

가장 사랑하는 사람이 우울에 빠졌을 때 우리는 어떻게 해야 할까?

그 사람과 함께 있어주어야 한다. 우울한 사람과 함께하려면 그를 이해하려고 노력해야 한다. 상대를 회복시키려 하는 대신 귀 기울여 이야기를 들어주고 감정을 표현하도록 격려해 주자. 그것만으로도 이미 큰 도움이 될 것이다. 한 번의 대화로 목적을 달성할 수 있을 거라 기대하지 말고 관심과 배려, 인내를 끊임없이 보여주자.

우울에 빠진 사람과 함께하려면 큰 용기와 에너지가 필요하다. 하지만 비바람이 지나간 절벽에 무지개가 뜨는 것처럼 함께 가라앉았다가 다시 떠오르는 일은 그럴만한 가치가 충분히 있다.

이 세상을
사랑하고 싶어

그건 뭐야?

친구가 준 선물…. 정확히 말하자면 친구인지는 잘 모르겠네.

좀 이상한 고양이야. 몇 달 전에 봤는데 줄곧 혼자서만 다녀. 친구가 없나 봐. 걔랑 친해지려는 고양이도 없어.

신비주의인가.

걔에 관한 이상한 소문이 있어. 심각한 전염병에 걸렸다는 둥, 발톱으로 남을 자주 공격한다는 둥, 물건을 훔친다는 둥.

못된 녀석인가 봐.

응, 그래서 나도 줄곧 거리를 뒀지.

그런데 선물을 받으면 얘기가 달라지는 거 아냐?

음... 한 일주일 전인가, 저녁에 산책을 하다가 걔가 자동차 바퀴 위에 웅크리고 있는 걸 봤거든.

내가 멀찍이 서서 거긴 위험하다고 말해줬어. 사람들이 운전할 때 못 볼 수도 있으니까. 그랬더니 자기는 상관없대.

그래도 더 안전한 데로 가라고 일러주려고 가까이 갔더니 화들짝 놀라면서 할퀴려고 폼을 잡더라.

참견하지 말라면서 얼른
발을 내리더니 바퀴 안쪽으로
숨어버리더라고. 그러더니
"이대로 세상을 떠나도 좋아.
같은 종족에게 당하느니
인간 손에 죽는 게 낫지"
이런 말을 했어.

슬픈 말이야.
분명 안 좋은
일을 많이
겪었을 거야.

너무 안됐더라.
나중에 알고 보니
걔에 관한 말은
전부 헛소문이었어.

걔는 한참을
망설이더니 우울증을
앓고 있다고 말했어.
남한테 자기 상황을
털어놓을 엄두가
나지 않았대.

다른 고양이들한테
도움도 청했는데 우울증을
이해하지 못하는 고양이들이
번번이 이렇게 무시했대.
"길고양이 주제에 왜 사람처럼
엄살을 부려? 우울증에
걸렸다면서 왜 안 죽어?"

정말
너무해.

그래서 차바퀴 뒤에
숨는 습관이 생긴 거야.
유일하게 온기를
느낄 수 있는 곳이라서.

그 후에는 헛소문이
더 늘어나서 듣고 있기
힘들었대. 이미 외로움에
익숙해지기도 했고.
나 말고는 걔한테 3미터 내로
접근한 고양이가 없었대.

난 고양이도 우울증에
걸린다는 사실을
알기 때문에 네 말을
믿는다고 했더니
아무 말도 안 하더라.

한참 후에 걔가
이렇게 말했어.
"이 세상을 사랑할
수 있는 사람들이
너무 부러워!"

우울증에 걸린 많은
고양이가 사람과 마찬가지로
"이 세상을 사랑하고 싶어"
라고 말해. 그 말의 속뜻은
이거야. "나도 세상의
사랑을 받아보고 싶어!"

우울증에 빠지면
굉장히 힘들어.
그래서 작은 관심도
그들에게는 커다란
힘이 될 수 있어.

걔는 이런
식으로 널 만나
묘생에 햇살이
드리울 줄은
예상하지
못했을 거야.

최소한 저녁마다
차바퀴 뒤에
숨지 않기만을
바랄 뿐이야.

이제 더는
차바퀴에서
온기를 느끼지
않을 거야.

진심으로 걔가
행복해졌으면
좋겠어.

사실은 사랑하고,
사랑받고 싶었던 것

우울증은 엄살의 다른 이름이 아니다. 미성숙하거나, 생각의 폭이 좁아서 찾아오는 것도 아니다. 우울증은 흔하게 볼 수 있는 심리적 장애다. 전형적인 증상으로는 지속적인 기분 저하, 식욕 및 의욕 감퇴, 흥미 상실, 비관, 사고 둔화, 분노, 자책과 열등감 등이 있다. 우울증 환자들은 우울증 자체에서 오는 고통 외에도 우울증을 이해해 주지 않는 사회의 분위기 때문에 기어오를수록 더 깊이 빠져버리는 모래 구덩이 속에 서 있는 기분을 경험한다. 세계보건기구WHO, World Health Organization의 보고에 따르면 현재 지구상에는 총인구의 4.3퍼센트에 속하는 3억 명의 사람이 우울증으로 힘들어하고 있다.

"이 세상을 사랑하고 싶어"라는 말은 우울증 환자들이 속으로 발버둥 치고 있다는 증거이자 사랑하고 또 사랑받고 싶다는 외침이기도 하다. 우울증 환자의 곁에 있어주는 일은 생각만큼 쉽지 않지만 노력할 만한 가치가 있다. 그들의 갑작스러운 기분 변화를 이해하고 더 많이 포용하며 숨을 돌릴 여유를 주어라. 그리고 오해하고 비난하기보다 친구가 되어주기를 바란다.

가장 좋은 위로는
위로하지 않는 것

어째 삶에 불만이
가득해 보이네?

그렇게 티 나?

어제 이웃에 사는
주황이가 찾아왔는데
두 아들이 살이 쪄서
나무를 못 탄다며 나더러
나무 타는 법을
가르쳐 달라는 거야.

열심히 가르쳤는데도 결국 실패했어. 나무를 타기는커녕 나무껍질만 핥다가 왔다고.

내가 무능하게 느껴져. 나를 침몰시킬 것 같은 좌절감을 네가 알아?

나도 어릴 때 다리 들고 소변보는 법을 배워야 했어. 발에 소변을 볼 때마다 내 머리에 문제가 있나 심각하게 의심했어.

내가 멍청해서 걔들을 못 가르친 거야.

상태가 심각하네. 애들을 얼마 동안 가르쳤어?

종일. 15시간 하고도 21분.

때리진 않았지?

당연하지.
친절하게 격려하고
시범도 아낌없이
보여줬어.

나무를 못 타도
나뭇잎은
예쁘고, 나무
타기의 정수는
나무를 즐기는 데
있다고 말해줬어.
그러다가 애들이
나무 핥기에
빠진 거야.

내 생각엔 네가
자책할 이유가 없어.
나무 타기의 정수가
나무 사랑이라는 걸
이렇게 빨리 깨닫게
하기는 어려워.

걔들이 나무를 좋아하는
방식이 서툴러서 그래.
배우지 못했다는 건
객관적인 조건의 문제일 뿐,
어쨌든 넌 하루밖에
안 가르쳤고 걔들도
연습할 시간이 필요해.

난 다리를 들고
소변보는 데
두 달이 걸렸어.

애정을 갖고 인내하면서
나무 타기의 정수를
가르쳤다면 네가
할 수 있는 일을 다 했어.
통제할 수 없는 일들은
늘 있게 마련이야.

정말 그렇게 생각해?

네 말을 들으니까
기분이 나아졌어.
위로에 소질이
있는 줄은 몰랐네.
난 위로를 못해.
내가 위로하면
상대는 더
슬프게 울어.

위로도 예술이야.
난 자신과
남을 위로하는
예술가라고.

편집자님,
이 장면 쓸 수
있어요?
진지한 만화인
줄 알았는데.

위로 대상이
남이든 자신이든
위로하지 않는 게
가장 좋은
위로라고 생각해.
제일 중요한 건
이해하는 거야.

상대의 힘든 상황을
이해하되 왈가왈부하지
않는 게 가장 좋아.
같이 울어줄 순 있지만
내가 원하는 그림을
만들려고 서두르진
않을 거야.

이 사탕 너 줄게.

일장 연설 대신
공감을

힘들었던 순간들을 떠올려 보면 우리에게 가장 필요한 것은 다른 사람의 이해와 공감이었다.

가장 좋은 위로는 방관자의 입장에서 해주는 일장 연설이 아니다. 당사자의 입장에 서서 불편한 상황 속에서도 애쓰고 있다는 사실을 세심하게 살펴주고, 그가 느꼈을 무력감과 피로와 슬픔을 이해해 주는 일, 그게 가장 좋은 위로다.

사람들은 모두 자신에 관한 한 전문가라고 믿어야 한다. 단지 부정적인 상황에 잠시 눈이 가려진 것뿐이다.

고독은
즐길 필요가 있다

알아듣게 말해.

긍정적이고 자유로운 고독을 즐기고 있어.

무슨 고독?

긍정적이고 자유로운 고독.

고독은 불안하고 두려운 감정 아니야?

물론 불안하고 두렵기도 하지. 하지만 수동적인 고독이 그렇고, 난 지금 능동적으로 고독을 탐구하는 중이야.

한동안 친구들과 자주 어울리면서 계속 바빴는데 그러다가 혼자가 되니 공허하고 불안해서 못 견디겠더라고.

사소한 일에 자꾸 집착하고, 별 뜻 없는 말에도 쉽게 화가 나고….

하루는 참다못해 다 그만두기로 했어. 더는 이 기분을 피하지 말자, 어떻게 되나 보자.

아마 우울해지겠지.

절대 그렇지 않아. 그리고 우울한 감정은 이것보다 더 심각해.

몰랐어, 계속해 봐.

처음엔 차분히 생각을 정리하며 날 위로했어. 그리고 가끔 시끌벅적하게 친구들과 어울리고 싶다는 바람이 진심이 아니었다는 걸 깨달았지.

막상 고독을 직시해 보니 그렇게까지 무섭진 않았어.

혼자 있으면 생각을 집중하기에 좋아. 내 생각을 자유롭게 펼칠 수 있고 영혼이 충만해져. 그 시간이 분리와 유기를 향한 내 두려움을 잠재워 줬어.

이런 고독은 삶의 효율을 높여줘.

이런 게 긍정의 고독이야?

응, 그래서 가끔 고독한 시간을 즐기면서 주변 사람들과 사물의 진정한 의미를 느끼곤 해.

충만해진 영혼을 느긋하게 소화하는 여유롭고, 조용하고, 차분한 상태인 거지. 쓸쓸하거나 두렵지 않아.

너 이러다가 도 닦으러 가겠어.

그 정도는 아냐.

그래서 계속 고독하게 있을 거야? 방해하지 말까?

잠깐만.

오늘 고독은 이만하면 충분해….

고독, 긍정성과 자유를
누리는 시간

고독은 불안해하거나 두려워할 일이 아니다. 오히려 자유와 긍정성을 누리는 시간이다.

긍정적이고 자유로운 고독을 누리기 위해서는 혼자 있는 시간을 능동적으로 선택하는 것이 중요하다. 우리는 좋은 사람들과 교제하는 동시에 혼자 있는 시간을 확보해 삶을 관찰하고 돌아보며 오로지 자신의 생각에 몰두할 필요가 있다.

잠시 멈춰 서서 고독을 직시하고 포용해 보자. 다시 말하지만 고독은 두려워할 일이 아니다. 고독은 절망, 낙담, 자기혐오, 그 외 세상사에 번민할 필요가 없는 편안하고 여유로운 상태, 그리고 사회 규범에 속박당하지 않고 타인의 시선에 얽매이지 않는 자유를 의미한다.

겨울철 우울증 예방은
보온만큼 중요하다

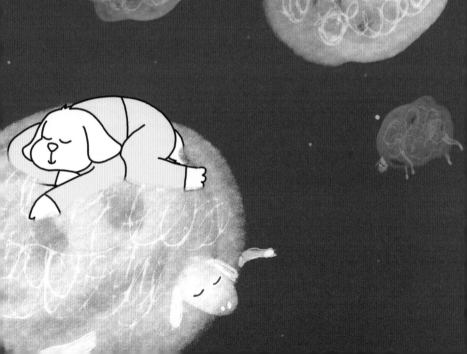

오늘은 점심때
한잠 잤어.

평범한 잠이 아니었어.
회의가 끝나고 1분 27초
후에 잠들었다가
다음 회의를 시작하기
3분 전에 깼어.

이런 미묘한 편안함을 알아?
모자라지도 넘치지도 않게
딱 좋았어. 정신없이 바쁘고
빡빡한 삶에서 잠을
훔친 것 같은 기분이야.

훔친 잠,
듣기만 해도
개을하네.

땡잡았지.

아, 날이
너무 춥다.

그러게. 어젠 작년에
입었던 겨울옷을
뒤적였는데 무슨 일이
있었는지 알아?

네가 그렇게 말하니까 내가 말한 비유들이 너무 비감성적….

결론은 땡잡았다는 거야.

아, 진짜 너무 추워. 겨울에는 기분이 쉽게 가라앉는 것 같아.

깜짝 이벤트는 드물고 그게 주는 기쁨도 순식간에 사라져.

어쩌면 너한텐 군고구마가 필요할지도 몰라. 오븐에서 갓 나와 향긋하고, 뜨거워도 절대 놓을 수 없는 그런 거.

하얀 입김을 내쉬며 트럭을 쫓아가야 사 올 수 있는 그런 거.

역시 네가 인생을 알아.

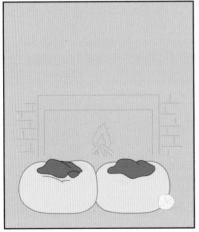

그래, 힘든 겨울엔 좋은 이들과 즐거운 걸 하며 버텨야 해!

때로는 계절이
원인일 수 있다

일상생활의 힘을 얕보지 마라. 특히 우울증 발병률이 높은 겨울철엔 더더욱 그렇다.

동절기 우울증을 '계절성정서증후군'이라고도 한다. 예를 들어 몹시 추운 날씨가 사람의 신진대사를 저하시키고 일조량 부족이 신체 리듬을 깨뜨리는 것처럼 날씨 변화가 우울증 같은 반응을 일으키는 것이다. 겨울은 삶의 적극성을 잃어버리기 쉬운 계절이다.

겨울철에 당신이 해야 하는 가장 중요한 일이 있다. 즐겁다고 느끼는 일을 하고, 기분을 좋게 만드는 사람을 만나라. 이처럼 일부러라도 뜨거운 김이 올라오는 고구마를 찾다 보면 그것이 당신에게 뜨끈뜨끈한 희망을 가져다줄 수도 있다.

분노를 표현하는
관계가 건강하다

계속 좋은
고양이로 살아야
할지 고민이야.

너무 답답해.

이러는 이유를 말해줄게.
오늘 까망이랑 나무를 타러
가기로 했는데 걔는 전부터
매번 늦어서 날 화나게 했거든.

좋은 고양이는 함부로 화내면 안 되잖아. 그래서 오랫동안 미소를 유지했어.

그런데 이번엔 정도가 지나쳤어. 걔가 마음대로 내 비둘기를 풀어준 거야.

그래서 결국 화를 냈어?

아니, 대신 네 앞에 와서 서성대고 있잖아.

화내기 전에 생각을 정리할 필요가 있어.

난 네가 생각하는 좋은 고양이가 뭔지 의심스러워.

자주 늦는 것만 빼면 괜찮은 애야. 까망이를 잃고 싶진 않아.

시도해 보지도 않고 까망이를 잃을지 아닐지 어떻게 알아? 튼튼한 관계는 쉽게 깨지지 않아.

불쾌함을 드러내는 건 이성을 잃는다거나 우정을 저버리는 일이 아니야. 합리적인 방식으로 분노와 괴로움, 불안을 상대에게 직접 전달하는 일이지.

또 상대에게 네 한계를 정확히 알려주면서 "난 좋은 고양이지 네가 얕봐도 되는 고양이가 아니야" 라고 외치는 일이야.

이런 감정은 스스로 누그러뜨리기 어려워. 계속 이렇게 지내면 가슴이 답답해지거나 상대의 무례한 행동에 화만 치밀 거야.

그렇게 된다면 친구로 지내는 의미가 없지!

그래, 네가 나쁜 고양이라서 다른 이에게 얼굴을 붉히는 게 아니야.

오히려 너희 사이가 '분노 표현을 허용하는' 튼튼한 관계라는 증거지.

네 말이 맞아.

까망이 이 자식, 너 딱 기다려!

좋은 관계는
쉽게 깨지지 않는다

충돌은 부정적인 일처럼 보이지만 서로 불쾌한 얼굴을 보여줘도 되는 여유 있는 관계에서는 종종 그럴 만한 가치가 있다.

우리는 모든 관계에서 많든 적든 자신을 희생해 가며 상대를 만족시키려 하지만 시간이 지나면 불만이 쌓일 수밖에 없다. 말다툼을 하면 기분을 풀고 불만을 해소할 수 있다. 동시에 상대에게 진심을 보여준다면 더 나은 관계로 발전하기도 한다.

좋은 관계는 당신이 걱정하는 것처럼 그렇게 쉽게 깨지지 않는다. 불편함을 느꼈다면 솔직하게 감정을 표현해 보자!

마음속 치부를
드러내야 하는 이유

세상에 완벽한 고양이가 있다고 생각해?

카를 라거펠트의 고양이 슈페트는 패션계에서 유명해. 1년에 광고비로 300만 유로를 벌어 들인대. 고양이들의 롤 모델이야.

쳇, 됐거든. 주인을 잘 만난 거지. 내가 볼 땐 그냥 고양이야.

이런 삐딱한 면이 있는 줄 몰랐어.

그냥 푸념이지 뭐.

왜 애를 놀라게 해.
오늘 너 좀 이상해.
늘 똑 부러지고 냉정하던
사람은 어디 갔어?

아, 사람 아니고 개.

나를 향한 고정 관념을
얼른 깨줘야겠군.
공격성과 치부를 조금도
드러낼 필요가 없는
존재가 어디 있어?

181

사람들이 나를 상식적이고
친절한 개로 알고 있다고
해서 계속 그렇게
사는 건 끔찍해.

자신의 치부가 나쁘다고
해서 계속 억압하면 안 돼.
언젠가는 못 참고 사람을 물거나
집을 뜯어버릴 수도 있어.

심하면 공원 벤치에
응가를 할지도 몰라.

그만,
끔찍해.

그래서 가끔은
내 멋대로 하게 내버려 둬.
남을 해치지 않는 선에서
가볍게 나쁜 짓을 하는 거야.

언제나 즐거울 수 있는
첫 번째 비결

'완벽한 나'라는 이미지는 족쇄와도 같다. 완벽하다는 꼬리표를 다는 순간 우리는 모든 방면에서 자신을 속박할 수밖에 없다.

우리는 주위의 의심과 비난이 두려워 완벽하지 않은 모습을 안 보이려고 애쓴다. 또 그러한 캐릭터를 고수하느라 피곤함을 느끼지만 그 결정을 쉽게 바꾸지 못한다.

마음속 치부를 드러내야 하는 이유가 있다. 완벽한 사람이라는 이미지를 깨고, 자신에게 붙은 불합리한 꼬리표를 떼어버려야 자신을 그대로 표현할 수 있다. 이 세상에 완벽한 사람이 어디 있겠는가? 나다운 모습으로 사는 것이야말로 언제나 즐거울 수 있는 첫 번째 비결이다.

우울은
자연스러운 감정이다

아….

휴….

피곤해 죽겠어.
아야가 남자 친구랑
또 싸우면 그땐 절대
말리러 안 갈 거야.

한 달에 세 번이나
으르렁거렸으니
이번엔 분명
헤어지겠지.
더 사귈 이유가 없어.

보는 우리가
긴장할 정도로
싸워도 다음
날엔 잘만
지내더라.

왜 싸우며
울고불고하는지
싱글인
우리에게는
의문투성이야.

격렬하게
싸울 때만큼은
재결합 가능성이
전혀 없어
보이는데.

다들 헤어질 땐 지키지 못할 말은 안 해야 하지 않아?

우리가 순진한 거지. 동물의 사고 회로는 싸우기 전후가 달라. 보이는 대로 믿으면 안 돼.

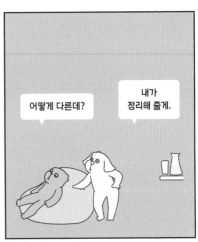

어떻게 다른데?

내가 정리해 줄게.

다툼의 쟁점은 이거야. 둘이 점심에 말린 생선을 먹기로 했는데 남자가 맘이 바뀌어서 생선전을 사 왔어.

그러다가 싸움이 붙으니 "넌 매사에 나랑 상의를 안 해", "네 마음속엔 늘 내가 없었어"라는 무거운 화제가 등장하는 거지.

그 후에 발톱을 세우며 탁자를 긁기 시작했고.

내가 볼 땐 둘이 진지한 사고를 멈추고 잘잘못만 가리는 일종의 '편집-분열' 상태에 이른 거야.

결과적으론 둘 다 자신을 피해자라고 여겨. 그렇게 불만이 쌓이다 보면 이 연애가 끝났다는 생각이 드는 거야.

하지만 싸움이 끝나면 좋았던 기억과 감정이 떠올라 침착해지면서 우울 모드로 바뀌어.

왜 우울한데?

우울증은 아니고 하나의 감정 상태야.

이때부터 이성적 사고 능력이 복구되면서 누가 잘못했고 아니고를 떠나 더는 고집부리지 않게 돼.

계속해 봐.

돌이켜 보면 자기한테도 잘못이 있다는 사실을 깨닫게 되거든.

사람들은 다들 이 과정을 거쳐. 대부분 이 두 상태를 평생 왔다 갔다 해.

그래서 다들 얼떨결에 화해해?

어떤 각도에서 보면 우울 모드로 지내보는 연습이 필요해. 모든 일에는 장단점이 있고 사람마다 강약점이 있잖아. 우울 모드에서는 이걸 이해할 수 있거든.

그럼 우울 모드가 나쁜 것만은 아니네?

더 많은 고통을 참고
복잡한 감정을
이해할 수 있는…
뭐랄까, 싸우면서
냉정하게 사고할 수
있는 사이가 더 건강해.

그렇구나.
궁금한 게 있는데
걔네가 또 싸우면
우리는 말리러 가야 해?

됐어, 우리도
살아야지.

심리적으로 건강하기
때문에 우울하다

'우울'이란 단어는 수많은 상황에서 부정적인 의미로 사용되지만 사실 우울한 감정과 상태는 우리가 심리적으로 건강하다는 사실을 말해준다.

심리학자 멜라니 클라인Melanie Klein은 인간의 심리 과정을 두 가지 자리로 표현했다. 하나는 '편집-분열 자리'로 이 자리에 있는 사람은 사고를 멈추고 회피하려 한다. 다른 하나는 '우울 자리'로 이 자리에 있을 때 우리는 반성하고 심도 있는 사고를 시작한다.

'우울 자리'는 자신에 관해 사고하고 인식하는 위치라는 점에서 우리에게 중요하다.

웃지 않는 것도
내 권리

그만.
나 진지하게
사색 중이야.

웃지 않는
연습 중인데 76일
동안 꾸준히 했어.
같이 해볼래?

웃음은
내 인간관계에서
1순위이자 유일한
반응이야.

지난번 회사에서
말다툼이 났을 때
확실히 네가 제일
먼저 생글거리며
나서서 분위기를
풀어줬어.

나랑 아무
관련 없는
다툼이었는데
말이야.

사람이든
일이든 항상
웃으면서
대하는 건
문제가 있어.

예전엔 왜
항상 웃었어?

그러고 싶지 않았는데
주위에서 웃으니 보기 좋다,
귀엽다고 하니까
웃어야겠다고 생각했어.

안 웃는
연습으로
얻은 게 있어?

그럼, 웃는
얼굴을 자제할 수
있게 됐어. 일부러
무표정한 얼굴도 해.

신기한 게 표정을
차갑게 바꾸니까
마음도 덩달아
차분해져.

처음엔 웃지 않는
내 모습이 불친절해
보여서 걱정했어.
굳은 표정 때문에
싸움이 날지도 모르고.

197

웃지 않아도 조금씩 드러나는 감정들 덕에 그간 내가 자신을 많이 속이며 살았다는 걸 깨달았어.

뭐 때문에 그랬을까. 예의? 두려움? 인정받고 싶은 욕구?

웃는 게 습관이 되면 슬픈 일들은 항상 숨기게 돼.

맞아, 웃는 얼굴은 습관이 아니라 선택이어야 해.

웃음은 난처한 분위기를
풀어주는 도구가 아니다

웃는 것이 습관이 돼서 즐거워도 웃고 즐겁지 않아도 웃다 보면 웃음이 지닌 원래의 의미를 잃게 된다.

웃는 얼굴은 인간관계에서 사용할 수 있는 유일한 선택지가 아니다. 웃음은 내면의 즐거움을 드러내는 방법이지 난처한 분위기를 풀어주는 도구가 아니다. 때와 장소를 가리지 않고 웃다 보면 본래의 감정과 경험이 가려진다. 자신이 이 것을 진심으로 좋아하는지 아니면 애써 잘 보이고 싶어 이러는 건지 스스로 헷 갈릴 수 있고, 심지어 자신의 희비조차 분별하지 못하게 된다.

웃어야 할 때 웃지 말고 웃고 싶을 때 웃자.

가끔은
울 곳이 필요하다

야옹 흑흑흑….

왜 울어?

1년 넘게 굴린 털 공이 어제 명예롭게 은퇴해서 서운하고 속상해.

뭐 그깟 일로 울어. 남들이 놀릴까 봐 걱정 안 돼?

그러든 말든!

슬플 때마다 바로 울 수 있는 네가 부럽다.

응? 지금 나 비웃어?

진심이야, 진심.

어렸을 땐 나도 눈물이 많았던 것 같은데 언제부터 안 울었는지 기억도 안 나.

어릴 때 학교에 가기 힘들어서 하루는 참다못해 부모님께 울면서 하소연했던 기억이 나. 난 그저 투정을 부리고 싶었을 뿐이었는데.

아버지는 어머니에게 고추를 접시 가득 썰어서 식탁으로 가져오라고 하셨어. 우리 부자는 마주 앉아서 고추 한 접시를 같이 먹었지.

다른 반찬도 없이 고추만 먹은 건 처음이었어. 난 먹으면서 울고, 아버지는 울지 말라고 혼내고. 매워서 우는지 학교에 가기 싫어서 우는지 분간이 안 됐는데 다 먹고 나니까 눈물이 멈추더라.

그 뒤로… 다시는 힘들다고 투정 부리지 않았어.

후에 시험에 떨어지거나 해고당했을 때, 이별하거나 다리가 부러졌을 때도 사람들은 늘 이렇게 말했어. "울지 마, 운다고 해결되는 일은 없어. 약해빠진 개나 질질 짜는 거야."

사람들은 항상 강해지라고 말해. 슬픔, 고통, 나약함은 드러내면 안 되는 것처럼 말이야.

그러다 보니 점점 자신에게 이렇게 말하게 돼. "긍정적으로 나아가려면 안 좋은 기분을 제때 청산해야 해. 할 일도 많은데 하찮은 일에 영향을 받으면 되겠어? 힘들어할 가치도 없는 일이야."

그런데 억지로 크게 웃고 나면 늘 조금씩… 마음이 공허했어.

슬프면 슬픈 거고 아프면 아픈 거지. 이건 정상 반응이야. 어떻게 이성으로 감정을 속일 수가 있겠어. 참기만 하고 자신의 진짜 감정을 모른 척하면 문제가 생겨!

나는 툭하면 울지만 그래도 씩씩한 고양이야! 눈물 많고 여리다고 굳세지 않은 건 아니라고!

우는 일 자체가
문제를 해결해 준다

운다고 해결되는 일은 없다고? 아니, 우는 일 자체가 문제를 해결해 준다.

우리가 흔히 말하는 강인함은 사실 억압된 마음을 감추기 위해 방어 기제가 발현된 결과물이라고 볼 수 있다. 슬픔과 고통을 잠재의식 속에 억눌러 놓았기 때문에 잠시나마 그 존재를 느끼지 못하는 것이다. 이러면 부정적인 감정이 제때 해결되지 않고, 시간이 흐를수록 감당할 수 있는 범위를 초월하여 더 큰 우울과 좌절, 무의미함에 빠지게 만든다.

눈물은 내가 약하다는 증거가 아니다. 강인함의 반대말은 더더욱 아니다. 울고 싶을 땐 울어라! 당신에게는 마음껏 기분을 풀 기회가 필요하다.

예민한 사람들에게는
타고난 재능이 있다

너 오늘 정신이
좀 없어 보여.

아침에 약간
고민을 했더니
기분이 너무
안 좋아.

쯧쯧쯧,
너 요즘 고민이
좀 잦은 것
같아서 내가
적응이 안 돼.

야, 난 진지해.

알다시피 고양이는 아주 민감한 동물이잖아. 예민해서 주변의 작은 소리도 다 잡아내.

네가 귀를 움직이고 손가락을 까딱거릴 때처럼 아주 조그마한 소리도 언제든지 알아차릴 수 있어.

그런 후엔 무심코 그 순간의 네 생각을 분석하고 추측해.

참 피곤하겠다.

피곤하지. 이제는 외부 정보뿐 아니라 내 행동에도 민감해. 내 걸음걸이는 우아한지, 털은 깨끗한지, 발바닥은 귀여운지… 매일 끊임없이 생각해.

너무 힘들어.

이런 예민함 때문에 시간과 에너지를 엄청 소모해. 매일 시간과 뇌세포를 80퍼센트씩 잃는 느낌이야. 내가 쓸모없다는 생각마저 들기 시작했어.

좀 진정해.

내 생각엔 민감한 게 꼭 약하다는 뜻은 아냐. 민감함도 일종의 재능이야.

민감한 사람들은 세상의 미묘한 변화를 더 쉽게 느낄 수 있고, 자신을 변화시킬 가능성도 더 커.

해몽이 그럴싸하네.

이런 민감함을 다른 말로 '감수성 편차' 라고도 해.

감수성 편차가 클수록 변화를 마주했을 때 더 강한 통찰력을 발휘하지만 한편으론 영향도 더 쉽게 받아.

부정적인 일에도 쉽게 영향을 받지만 온정이나 주위의 미묘한 연관성도 더 잘 포착해. 이건 초민감자들만이 지닌 유일무이한 재능이야.

네 말이 맞아. 그렇지만 더 쉽게 상처 받기도 해!

아냐, 다른 각도에서 보면 더 많은 즐거움을 누릴 수 있어.

예를 들어 넌 밤에 나뭇잎 소리가 더 잘 들려서 무서울 거야. 하지만 북극성에 더 관심을 기울일 수 있고 밤의 진짜 모습을 볼 수 있어.

맞아, 난 별들을 지나치고 싶지 않아.

매일 아침 커튼을 열었을 때도 햇빛이 들어오는 찰나를 보고 햇볕의 냄새를 맡을 수 있어.

아침저녁으로 길을 걸을 때는 금빛 은행나무를 감상해.

술을 마실 때도 술에 비친 세상의 다양한 빛깔을 볼 수 있지.

나쁘지 않은데?

민감함은
타고난 재능

민감함은 약점이 아니라 일종의 '타고난 재능'이다.

심리학적으로 초민감 체질Highly Sensitive Person은 질병이나 나쁜 증상이 아니다. 초민감 체질은 비교적 안정적이고 지속적인 인격적 특징이다. 이러한 체질의 사람은 타인에게 공감하는 능력이 뛰어나며 사물에 관해 더 깊이 사고한다. 이들은 다른 사람보다 자신의 느낌과 반응을 더 잘 처리할 수 있다는 연구 결과도 있다.

만약 당신이 초민감자라면 주위의 기준이나 타인의 기대에 부응할 필요가 없다. 자신을 온전히 수용하고 특기를 충분히 발휘하며 당신만의 '평화로운 행복'을 찾을 수 있기 때문이다.

너 왜
그렇게 걸어?

이렇게 걸으면
기분이 좋아져.

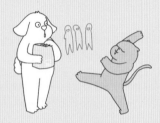

음….

진짜 그러네….

4 자유의 3분

내 선택을 사랑하는 법을 배워라

인생의 본질은 애드리브지!
갑작스러운 문제에
직면했을 때는 앞으로 나아갈
방법을 고민해 보는 게 나아.
먼저 "그래"라고 말한 뒤에
'그리고'를 생각하는 거야.

자신의 경계를
명확히 하라

깜짝이야. 떨어져서 쓰러진 줄 알았어.

그것과 비슷한 기분이야.

무슨 일인지 얘기해 봐.

방금 노랑이랑 밖에서 밥을 먹었는데 걔가 꼭 모둠 회를 시키겠다는 거야.

난 가재가 먹고 싶었거든. 지금 가재 생각에서 헤어 나올 수가 없어.

일단 얼굴을 좀 들어 봐.

노랑이는 가재가
먹기 싫었대?

말도 안 꺼냈어.
모둠 회도 그런대로
괜찮아서 "그래,
먹으러 가자" 했지.

결국 가재는
대화에
오르지도
못했네.

그래서 지금
후회하고 있잖아.

전에 노랑이랑 여행을 갔을 때도 걔가
절을 보러 가자고 해서 따라갔는데
난 사실 박물관을 구경하고 싶었어.
물론 절도 아름다웠지만
그게 아직도 후회돼.

우울해.
난 왜 항상
즐겁지 않을까?

왜 즐겁지
않은 건
항상 나야?

잠시만.
넌 왜 뭐가 먹고 싶고
어디에 가고 싶은지
얘기를 안 해?
왜 거절을 못 해?

그건 좀 아니지 않아?

친한 사이에
이까짓 일로
갈등을 빚을
필요는 없잖아.

이건 입장을
표현하는 문제야.
모순이라고는
생각하지 않아?

사실은 노랑이가 의견을 물어봐 주길 기대했지? 한 번은 양보해서 너랑 가재를 먹어주길 바랐잖아.

아니라곤 말 못 해….

이런 관계는 서로 더 많은 에너지와 시간을 소비하고 더 큰 대가를 지불하게 만들어.

편하게 생각해. 이건 네가 좋은지 싫은지 상대에게 솔직한 생각을 알려주는 일에 불과해.

넌 이렇게 하길 원하지 않는다고 확실히 알려줘. 절대 공격적인 일이 아니야. 네가 너무 착해서 그래.

자신의 경계를 명확히
하고 타인의 경계를
존중하는 일은
모두 매우 중요해.

알겠어!

이제 태도를 분명히 할게.
난 가재를 먹을 거야!
같이 가줘!
물론… 싫으면 거절해도 돼.

나도 솔직히 말할게.
같이 가줄 생각이었어.

경계를 분명히 하면
누구도 희생하지 않는다

우리가 종종 인간관계에서 억울함을 느끼거나 무례한 일을 당하는 이유는 '심리적 경계'가 명확하지 않아서다.

'심리적 경계'란 '나만의 왕국의 국경선'으로 시간, 에너지, 기분, 생각, 재산, 물건 등에 정해놓은 독특한 규칙을 말한다. 이 경계가 명확한 사람은 규칙이 깨졌을 때 용감하게 "노No"라고 말하지만 경계가 불분명한 사람은 그저 참고 희생한다.

심리적 경계는 평등한 관계를 위한 전제 조건이다. 우선 내가 경계를 세워야 다른 사람의 경계를 존중할 수 있다. 자신을 잘 돌보는 사람이 남을 배려하는 법이다.

'그래, 그리고'라는 게임 한번 해볼래?

그게 뭔데?

상대가 무슨 말을 하든 무조건 인정하고 줄거리를 이어서 말하는 거야.

그걸 왜 해? 줏대 없어 보이지 않아?

쯧쯧, "그래"라고 답해야지. 핵심은 의문을 가지지 않는 거야. 잠시나마 팽팽한 현실에서 벗어나 경계심과 저항심을 해소하는 게임이지.

그래, 한번 해보자.

시작할게. 와! 네 뒤에 엄청 큰 코끼리가 한 마리 있어!

코끼리가 어떻게 여기 있어? 게다가….

절대적인 신뢰를 받는 느낌이야.

이 게임 꼭 인생 같지 않아? 항상 의외로 가득하고 상대의 다음 말이 뭔지, 내가 뭘 하게 될지 모르잖아.

모든 상황이 즉흥적이야.

인생의 본질은 애드리브지! 문제에 직면했을 때 애태우거나 흔들리기보다 앞으로 나아갈 방법을 고민해 보는 게 나아. 먼저 "그래"라고 말한 뒤에 '그리고'를 생각하는 거지.

인생엔 늘 불행이 닥쳐. '그리고' 불행에는 언제나 기회가 따라와.

맞아!

경직된 사고
패턴을 깰 것

    삶은 늘 우리에게 장난을 치지만 때로는 당신이 어떻게 반응하느냐에 답이 달라진다.

    '즉흥 연극Improvisational Theater'은 시나리오가 없는 연출 방식으로 '의심하지 않는' 새로운 사고방식을 보여준다. 그래! 사는 동안 나쁜 일은 매일 발생할 수 있다. 그리고! 우리는 무엇을 할 수 있을까?

    경직된 사고 패턴을 깨는 것은 행복감을 높여주는 중요한 방법이다. 우리가 '그래, 그리고Yes, And'를 융통성 있게 활용하여 난제를 고민하면 곤경과 지루함, 좌절을 의미 있게 바꿀 수 있다. 더불어 세상을 어떤 시각으로 바라볼지도 결정할 수 있다.

어린 시절이
아름다운 이유

산의 야경이 이렇게 멋있는지 몰랐어! 소원 빌어야지.

별똥별도 없는데 소원을 왜 빌어?

어른 고양이의 삶이 너무 퍽퍽해서 어린아이로 돌아가고 싶어.

넌 왜 어린아이로
돌아가고 싶어?

순수하니까,
스트레스도 없고.
길에서 파는 값싼 간식들,
장난감, 다양한 사탕….
만화 영화도 많고
친구들이랑 마냥
뛰놀 수도 있어.

어린이날도
있고. 안 그래?

좀 과하게
아름답네.

나는 막상 어린아이로
돌아간다면
생각만큼 즐겁진
않을 것 같아.

부모님과 선생님에게 잔소리를
듣고 휴대전화도 몰래 만져야 해.
밥 먹을 땐 편식도 못 하고 글씨를
쓸 때도 바르게 앉아야 하잖아.
간식을 먹는 건 즐겁지만
그 외에는 대부분 뭘 먹을지
내가 결정할 수 없어.

경제적인 자유도 없어.
어린이날도 특별하진 않아.
쉬지 않고 계속 공부해야
하고 숙제를 안 하면
늘 그렇듯 혼이 나.

비교하자면
성인이 된 후의
삶이 더 행복하고
자유로워.

옛날을 회상할 때 인생은 늘 더없이
아름답게 느껴져. 하지만 잘 생각해
보면 아름다워서 소중한 게 아니라
소중해서 아름다운 거야. 어린 시절이
아름다운 건 다시 돌아오지 않기 때문이지.

235

응, 맞는 말이야.

다시 소원을 빌게.
반짝이는 추억과 아름다운
이야기, 따뜻한 동심을
영원히 간직하게 해주세요.

어린아이의 순수함과
어른의 강인함을
갖게 해주세요.

저도요!

아이이면서도
어른이고 싶은

어린 시절은 물론 성인이 된 이후에도 좌절과 불행은 피하기 어렵다. 하지만 행복을 추구하고 갈망하는 마음만은 변하지 않는다. 우리는 해야 하는 일과 하면 안 되는 일, 책임 등에 얽매이고 싶어 하지 않는다. 어린아이처럼 아무런 걱정 없이 세상을 향한 호기심을 유지하고 싶어 한다. 또 어른들처럼 혼란스럽고 복잡한 상황에서도 용감하게 안개를 헤치고, 씩씩하고 자유롭게 본심을 유지하기를 원한다.

모든 사람이 같은 것을 꿈꾼다. 어린아이의 순수함과 어른의 강인함을 갖고, 동심을 유지하면서도 자유롭고 즐겁게 성장하기를 바란다.

자유로운 사람은
비를 맞는다

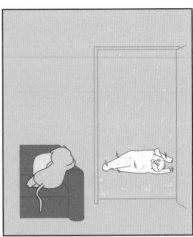

자유는 의외로
가까이 있다

마음이 답답하다면 비를 한번 맞아보자! 심리학자들은 한 사람이 자신을 둘러싼 여러 겹의 구속을 인지하면서도 마음먹은 바를 스스로 선택하고, 그에 따른 책임을 지는 것이 바로 자유라고 말한다. 자유란 뭐든지 하는 것이 아니다. 타인의 이익을 침해하지 않는다는 전제하에 가능한 한 자신이 원하는 일을 하는 것이다.

갑자기 하고 싶은 일이 생겼다면 실천에 옮겨보자. 집에 가는 길에 크게 소리 내어 노래를 부르거나 좋은 음악에 맞추어 몸을 움직이며 내면의 소리에 귀를 기울여 보면 자유가 매우 가까이 있다는 사실을 느낄 수 있다.

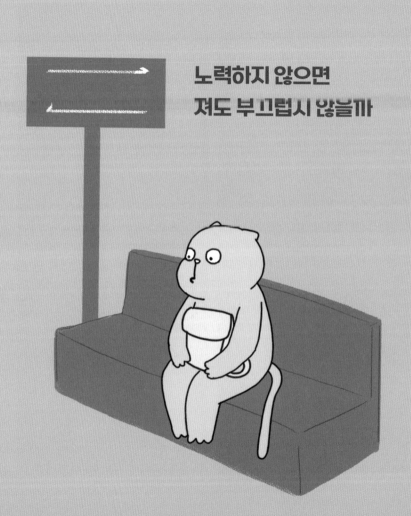

노력하지 않으면
져도 부끄럽지 않을까

내일 나무 타기 대회 개막식 아니야? 서둘러 연습해야 할 시간에 여기 앉아서 뭐 해?

발톱이 이렇게 긴데 아직 안 깎았어? 너 이러다가 내일 나무껍질도 못 잡아. 발톱을 알록달록하게 칠해서 어쩌려고?

원래는 벼락치기로 연습 중이었어. 방금 옆집 주황이의 다부진 몸을 보기 전까진 말이야.

걔가 나보다 몸이 좋다는 게 믿기지 않아. 게다가 다른 선수들도 막강해서 승산이 없어. 차라리 포기하는 게 나아.

넌 좀 자포자기하는 성향이 있어.

자포자기란 말은
너나 네 가족한테나 써.
난 고양이들 사이에서
꽃 같은 존재가 될 거야.
내 발톱을 봐. 모든 선수
중에서 제일 예쁠걸.

내일 다들 험악한 얼굴로
나무를 탈 때 난 우아하게
나무를 돌면서 은근슬쩍
네일 아트를 자랑할 거야.

이런 게
허를
찌르는
승리
아니겠어?

좋네. 근데 왜
나무 타기 대회에서
예쁘게 보이려고 해?
발톱을 갈아서
나무 타는 연습을
더 하면 안 돼?

이 녀석, 갈수록
예리해지고 있어.
대답은 안 할게.

사실 이번 대회에서 이길 자신이 없어.
오늘 열심히 연습해도 질 게 뻔해.
이렇게 노력하고도 성공하지 못했다고
다들 뒤에서 손가락질할지도 몰라.
그럼 내 체면이 뭐가 되겠어.

그럴 바엔
노력하지 않는 게 나아.
져도 쪽팔리진 않잖아.

노력하지 않은 일은 성급히 결론을 내리지 마라

노력하지 않으면
저도 부끄럽지 않다고?
아주 논리적이고 완벽한
결론처럼 들리네.

그렇지만
여전히 뭔가
틀렸다는
느낌이 들어.

어디가 틀려?
완벽한 논리라
어떤 개도
반박할 수 없을 텐데.

솔직히 말할게. 내가 만약
나무 타기 대회에서 아양을 떠는
고양이를 본다면 '참 특별하구나'라고
느끼진 않을 거야. 오히려 머리를
다친 게 아닐까 생각할걸?

넌 갈수록 더 냉정해지냐.

그다음엔 주관적으로 추측하고 판단하겠지. 쟤는 체면을 따지는구나. 지는 게 겁나서 외모에만 신경을 썼구나.

….

이 작전을 실행하면 내 이미지를 만회하기는커녕 오히려 약점이 더 드러난다는 거지?

감출수록 더 드러날 수 있다는 뜻이야.

넌 왜 노력도 안 해보고 잘 못할 거라고 확신해?

진짜로 실패했다고
한들 무슨 상관이야?
수상에 실패했다고
묘생이 실패하는 건 아니야.

네가 대회에 나가기
싫다고 해도 괜찮아.
어쨌든 난 항상
네 옆에 있을 거야.

혹시 발톱깎이
가져왔어?

평범함이 주는
즐거움

인생의 종점

방금 내가 중심도
못 잡고 주르륵
미끄러지는 거 봤지?

미끄러졌다고 말하면
안 되지. 방금 내가 본 건
공 하나가 나무줄기를
따라 굴러떨어지는
장면이었어.

아예 입을
다물어 주면
참 고마울 텐데.

가장 두려워했던
일이 결국 일어났어.
열심히 연습했지만
결과는 엉망이야.

그래서 지금 기분이 어때?

처음엔 노력해도 성공하지 못하면 망신만 당하고 크게 좌절할 거라고 생각했어.

예상대로 나무 타기도 실패하고, 모두가 보는 앞에서 엉덩방아도 찧었지.

상상 속에서 무서워했던 일이었는데 막상 겪어보니 생각만큼 창피하거나 굴욕적이지 않았어. 오히려 편안했어.

무슨 뜻이야?

잘 보이려는 부담을
버리니 홀가분하더라.
내가 단점과 한계를 지닌
평범한 고양이란 사실을
이제야 받아들였어.

그리고 나무에 오르는 기쁨에
집중해서 과정을 즐겼어.
유전자에 깊이 묻혀 있던
원초적인 행복이 되살아났달까.

평범한 게 좋아.
평범해서 즐거워.

실패를 두려워하는
진짜 이유

우리가 자포자기를 선택하는 이유는 머지않아 다가올 실패가 두렵기 때문이다. 우리는 '완벽한 자아'를 향한 환상을 놓지 못하고, 불완전하고 결점을 지닌 자신을 대면하지 못하기 때문에 실패를 두려워한다. 그래서 실패의 원인을 '노력 부족'이라는 통제 가능한 요인으로 돌리려 한다. 이는 연약한 자존심을 보호하기 위한 행동이다. 이러한 행동 패턴에 익숙한 사람은 겉으로는 평온해 보여도 속으로는 오랫동안 좌절감을 느낀다.

자신의 불완전하고 평범한 모습을 받아들이는 일은 인생에서 누릴 수 있는 즐거움 중 하나다. 평범함을 인정해야 기필코 성공하려는 압박감에서 해방될 수 있고, 결말과 관계없이 과정을 즐길 수 있기 때문이다.

시험에서 졌다고 해서 인생에서 지는 것도 아니고 최선을 다해서 얻은 실패는 창피해할 일이 아니다. 한 번 사는 인생, 마음껏 즐기는 일보다 중요한 것이 또 있을까?

좋아하면
표현해 봐

곧 밸런타인데이야.
모두 노력해 봐!

데이트란
'난 장기 연애에
적합한 사람'이라고
누군가를 설득하는
과정이야.

그래서 나설 땐 나서고
유혹할 땐 유혹해야 해.

예를 들면
이미지를 관리하면서
관심을 보이되 절박해
보이지 않아야 해.

너도
데이트에
일가견이
있구나.

고양이들의
비장의
무기랄까.

저 커플을 봐.
작은 테이블이
신의 한 수야.
고개를 숙여 밥을
먹을 때 자연스레
거리가 좁혀지고 있어.

남자가 음료를 마시고 컵을 내려놓을 때마다 여자와 가까워지고 있어.

여자도 자기 컵을 옮기지 않아.

응, 희망이 보여.

그리고 저 커플, 방금 남자 몸에서 냄새를 맡았는데 발 냄새나 땀 냄새가 아니었어. 향수 냄새였어.

역시 개는 코가 예리해. 몸에서 좋은 냄새가 나는 건 확실한 플러스 요인이야. 아니, 기본적인 매너야.

오, 저기 여자가 머리를 정리하고 있어. 약지와 새끼손가락으로 머리카락을 귀 뒤로 넘겼어.

이것도 신호야?

꼭 그런 건 아니지만 지금 분위기로 봐서는 확실해. 여자가 남자한테 마음이 있어…. 어라, 잘못짚었나 봐.

남자가 작별 인사 하러 온 거야?

아, 씁쓸하네.

여자가 결국 못 참고 고백하려고 해! "네가 날 떠나면 난 매우 슬플 거야. 그렇지만 괜찮아."

이게 무슨 고백이야?! 포기한다는 말 아냐?!

감정을 대범하게 표현하는 건 참 멋져. 게다가 이별의 슬픔을 부드럽고 직설적으로 말했어.

사귀어!
사귀어!
사귀어!

가망이 없어.
다른 커플을 보자!
어디 보고 배울 만한
커플 없어?

저길 봐.
남자가
앉자마자
여기 분위기
때문에 좀
긴장된다고
밀했어.

되게 진지해.
큰소리치거나
술 마시고 침착한
척하는 애들보다
사랑스러워.

그 말에
여자도 긴장이
풀렸는지 막
딸꾹질을 했어.

여자는 긴장할 때
물을 마시면 딸꾹질을
한다고 고백했어.
어렸을 땐 시험이 무서워서
이틀 동안 딸꾹질을 했대.

"나 잘 때 방귀 뀌어", "나 게임할 때 욕해" 뭐 이런 말까지 할 건 아니지? 너무 남 얘기하듯 하는 거 아냐?

남자가 처음에 긴장된다고 말한 게 중요한 역할을 했어. 한 사람이 진심을 내보이면 주변 사람한테도 전염돼서 가식적인 대화에서 벗어날 수 있거든.

저건 위험 부담이 커. 내가 배우고 싶은 유혹의 기술은 아니야.

난 '진실한 나'를 좋아해 주는 상대를 만나고 싶어.

진정성도 사람을 끌어당기는 품성이란 거지?

응!

용기 내어
자신을 드러내라

용기 내어 자신을 드러내라. 타인과 교제할 땐 그들에게 내면의 감정과 정보를 자발적으로, 진정성 있게 표현해라.

오랫동안 짝사랑했던 사람에게 고백할 때 적당히 자신을 드러내면 성공할 확률이 커진다. 또 있는 그대로의 내 모습과 사랑을 더 잘 표현하는 데에도 도움이 되고, 사적인 정보를 교환해 신뢰 관계를 촉진할 수도 있다.

당신의 긴장과 걱정을 상대에게 털어놓아라. 상대가 나를 쿨하지 못하다고 생각하거나, 어리숙해 보일까 봐 걱정할 필요 없다. 사랑에 빠지면 원래 어리숙하고 귀여워 보이는 법이다.

해가 졌는데 발표문은 다 썼어?

해가 졌다고 해서 시간도 늦은 건 아냐. 가을이라 실외 온도는 겨우 14도고 아직… 7시밖에 안 됐어.

또 둘러댄다.

오늘 너무 바빴어.

너도 알다시피 오랫동안 집 청소를 안 했잖아. 어느새 가구에 먼지가 0.12밀리 쌓였더라고.

아침에 창문을 열고 발표문을 쓰려는데 바람이 불어서 먼지가 얼굴에 들러붙었어.

266

먼지 청소는 대공사야.
젖은 수건으로 표면을 닦고
구석구석을 후벼. 급해도 발톱을
세우지 않게 조심해야 해.
탁자를 긁을 수도 있거든.

그다음에
마른 수건으로 닦아.
두 번은 반복해야
먼지가 깨끗이 없어져.

무슨 말인지
알겠어.

그래, 나 진짜
바빴다니까.

사람들은 하기
싫어서 꾸물거릴 때
항상 "너무 바쁘다"
라고 말해.

응?

스케줄이 꽉 차서 어떤 일을 미루어야 할 때 공교롭게도 매번 같은 일을 미루고 있다면 네가 무의식적으로 그 일을 회피한다는 뜻이야.

넌 내 노동을 존중하지 않아! 설마 내가 발표문 쓰는 걸 회피하겠어?!

사실은 맞아. 온 동네 동물들 앞에서 발표할 생각만 하면 불안하고 무서워. 망신당할까 봐 한 글자도 못 쓰겠어.

회피할수록 더 쓰기 싫어. 두려움과 불안이 쌓여서 지금은 아침보다 100배나 더 무서워.

많은 일을 하면 발표 시간이 좀 더디게 올 것 같은 느낌이겠지.

회피하면 약간의 위안을 얻을 수는 있지만 문제가 해결되지는 않아. 그런데 일시적인 위안에 의지하면 회피가 어느 정도 유용하다고 믿게 돼.

여전히 준비가 안 된 느낌이야. 내가 민반의 준비를 했을 때 쓰고 싶어.

하지만 넌 계속 준비가 안 됐다고 느낄 거야. 회피한다고 해서 달라지는 건 없어.

상상으로 불어난 공포심부터 바꿔봐. 일을 직시해야 변할 수 있어.

좋아! 이제라도 바로잡을게!

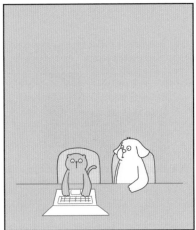

내가 발표문 쓰는 거 도와줄 수 있어?

아니.

상상 속 허상을 깨고
직면하라

사소한 일들을 앞세워 정작 해야 할 일을 미루고 있다면 우리의 잠재의식이 그 일에서 멀어지려 하는 것인지도 모른다.

회피는 그 일로 인한 부정적인 경험을 잠시나마 유보해 줄 수는 있지만 완전히 해소할 수는 없다. 그뿐 아니다. 당신은 회피가 가져다주는 안락함에 빠져들고, 방치된 불안과 두려움은 시간이 지날수록 점차 누적되어 당신을 완전히 침몰하게 만든다.

두려움은 당신의 내면의 산물이다. 당신은 일시적으로 그 일을 피할 수는 있어도 자신의 마음까지 피할 수는 없다. 다음에 무언가를 회피하고 싶어질 땐 냉정하게 상상 속 허상을 깨고 실제로 그 일을 마주해 보자.

고양이를 집에 일찍 보내는 게 아닌데…. 남을 귀찮게 하는 일엔 익숙하지 않아.

아, 부탁을 하는 건 정신 에너지를 소모하는 일이야.

고양이가 또 도와준다고 해도 이 호의를 어떻게 갚을지 고민이야. 인간관계의 규칙 중 하나가 등가 교환인데 남에게 헛수고를 시킬 순 없어.

쯧쯧, 사회는 너무 비효율적이야.

예전엔 서로 도와주며 가까워질 수 있었지만 이젠 각자의 경계가 명확해서 신세를 지는 건 무의미한 사회적 순환에 불과해.

또 부탁했다가 거절당하면 더 민망해. 거절 트라우마가 있단 말이야.

용기를 내서 도움을 청해도 걔가 거절하거나 내키지 않아 할 수도 있어. 고양이가 마지못해 도와주면 내 마음이 불편할 것 같아.

혼자 이를 악물고 해결하면서 최대한 남에게 폐를 끼치지 않는 건 심리적 부담이 너무 커.

문제는 이게 내 능력 밖의 일이라는 거야.

생각해 보면 짐을 더 옮겨달라는 것뿐이잖아. 고양이는 덩치도 크고 건강하니까 작은 수고쯤으로 생각할 거야.

아냐, 그렇게 생각하면 안 돼. 도와주는 주체만이 '작은 수고'라 말할 자격이 있어. '작은 수고'란 말로 도움을 청하는 건 도덕적 강요야.

도움이
더 필요해?

깜짝이야,
다 들었어?

조금. '고양이는
덩치도 크고'부터.

미안,
이제 와서 또
부탁하려니
좀 민망하네.

덩치 큰 고양이에게
짐 나르기는 식은 죽 먹기야.
넌 평소엔 뭐든 아는
것처럼 행동하더니 도움을
청하는 일은 쑥스러워하네.

난 누가 나한테 직접 물어봐 주는 게 더 좋아. 동의와 거절 중에 바로 선택할 수 있거든.

이렇게 누가 물으면 나도 겸손하거나 오만하게 재지 않고, 우유부단하게 승낙하지도 않아. 타인의 경계를 침범하지 않으면서 자신의 권리를 지키면 정신 에너지를 많이 절약할 수 있어.

형님, 수고 좀 해주십시오.

오케이!

단순하게,
직접 전달하라

얼굴이 두껍지 못해서 남에게 신세 지기를 꺼리는 사람이 있다. 이런 태도는 심리적 부담도 안으면서 내면에서 끝없는 갈등을 불러일으킨다.

우리는 부탁을 거절당하는 일을 두려워한다. 또 상대가 마지못해 승낙하는 바람에 내가 그의 경계를 침범하는 꼴이 되지 않을까 염려한다. 그뿐 아니다. 상대가 도움을 주면 이 신세를 어떻게 갚을지 고민하고, 상대가 도와주지 않으면 혼자 일을 해결할 방법이 없다.

실제로 매우 효과적인 해결책은 당신의 요구를 단순하게, 직접 전달하는 것이다. 그러면 상대도 거절하든 승낙하든 바로 선택할 수 있다. 복잡한 생각을 단순화해야 정신 에너지를 절약하며 일을 처리할 수 있다.

싸움에도 지켜야 할
선이 있어!
급소는 건드리지 마!

선은 무슨!
싸우는데 뭘 꾸물거려!
거절이다, 어쩔래!

덤벼!

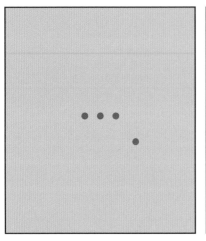

싸우고 나니
후련할 줄이야.
남의 기분을 살필
때보다 상쾌해.

후련하긴 한데
너 발길질이
좀 맵더라.

공격성을
과시하느라
힘 조절에
실패했어.

이해해. 어쨌든 나도
오래 쌓아둔 감정을
털었어. 이런 말이 있지?
싸움은 더 나은
소통을 위한 거라고.

맞는 말이야. 싸움은 어떤 관계에서도 피하기 어려워. 우리는 친해 보이지만 이미 골이 깊었어. 오래 참으면 언젠가는 폭발하게 돼.

그래서 시도 때도 없이 싸워야 해. 다툰 후에 같이 문제를 개선해야 계속 친구로 지낼 수 있어.

나도 그렇게 생각해.

하지만 말다툼은 해도 손찌검은 하지 마. 몸싸움은 잘못된 예시야. 어린이들은 따라 하면 안 돼.

맞아, 그런데 너 진짜로 발 냄새 나.

'환심형 인격'에서
벗어나라

"괜찮아", "내 잘못이야"라는 말은 그만하자. 다른 사람의 기분과 감정을 최우선으로 생각하며 공연히 자신을 괴롭히지도 말자.

심리학에서 '환심형 인격'은 거절할 줄 모르는 성향을 말한다. 이러한 인격의 사람은 타인에게 '착하고 좋은 사람'이라고 불리기를 원한다. 남의 요구를 들어 주기만 하고, 거절도 못 하며, 심지어는 끝없이 희생하며 상대의 기대를 만족시키려고 한다.

안 그래도 쉽지 않은 인생인데 다른 사람의 책임까지 어깨에 짊어지지 않기를 바란다. 또한 당신이 거절하고 분노를 표현해도 이를 허용하고 격려해 주는 친구를 만나기를 바란다.

그 사람이 행복하지 않아서
마음이 아파

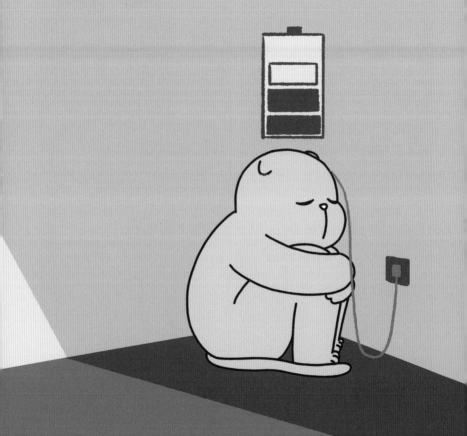

사료가 냥이 입에 맞을까?

털 공이 날아가는 각도가 완벽하지 않지? 냥이가 싫어하진 않을까?

누구야?

내 집사의 여동생. 요즘 일이 없어 외롭다며 고양이를 키울 거래.

그런데 잘 못 키울까 봐 우리 집에 실습하러 왔어.

고양이를
키우는 데
실습이 필요해?

동생의 행동이
너무 심각해서
답답할 지경이야.

매일 새벽 1시까지
육묘 계획을 세워.
배뇨를 어떻게 가르치고 병이
나면 어느 병원이 믿을 만한지,
고양이 집과 모래·사료
선별까지 300페이지가
넘는 자료를 만들었어.

내가 본 사람 중에
가장 신중하고 계획적이야.
내 집사를 해고하고 싶더라.

어떡하지?
어떡하지?
어떡하지?

그런데 즐거워 보이기는커녕 좀 힘들어 보여.

나도 그게 이상해. 아직도 자신이 부족하다고 생각하나 봐.

나한테는 매일 한두 시간씩 들여 밥을 해주면서 자기는 값싼 배달 음식을 먹어. 내 모래를 갈고 빗질도 부지런히 해주면서 콧노래를 흥얼거리지만 자기 머리카락은 한눈에 봐도 헝클어져 있어.

동생은 분명 최선을 다해 날 돌봐주겠지만 고양이를 그렇게 세심하게 챙기는 사람이 왜 자신은 잘 돌보지 못할까?

내가 만났던 사람들이 생각났어. 친구는 살뜰하게 챙기면서 정작 자신을 소홀히 대하는 사람 말이야.

친구가 조금만 불쾌해 보여도
자기가 뭘 잘못했나 걱정해.
그런데 자신이 불쾌할 땐
친구에게 도움을 청하지도 못해.

친구의 요구에
비하면 자신의
요구는 늘 중요하지
않다고 여겨.

맞아,
그 사람이랑
아주 비슷해.

무의식적으로 자신을
가치 없는 존재로
여기는 것 같아.

자존감이 낮으면
'나는 결점이 많고 잘하는 것도
없으니 사랑받을 수 없어'
라고 생각해. 그래서
곁에 머물러 주는 사람과
물건을 소중히 대하게 돼.

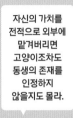

자신의 가치를
전적으로 외부에
맡겨버리면
고양이조차도
동생의 존재를
인정하지
않을지도 몰라.

네 말을 들으니
생각난 게 있어.
동생이 우울해할
때마다 집사가
동생의 장점을
하나씩 세어가며
위로해 줬거든.

동생은 아마도 필요한
존재, 사랑받는 존재가
되길 갈망했을 거야.
그래서 작은 실수라도
할까 봐 온 힘을
다해 고양이를
사랑해 주려고 해.

동생이
자기 몸도
잘 챙겼으면
좋겠어.

응, 그게 너무 안쓰러워.
자신을 좀 더
사랑했으면 좋겠어.

어떻게 해야 자기가 이미
잘하고 있다는 걸 알아차릴까?
내가 가서 자주 쓰다듬어 줄까?

행복을 갈망하기 때문에
행복할 수 없는 사람

많은 사람이 행복하지 않은 이유는 바로 마음 깊은 곳에서 행복을 매우 갈망하기 때문이다. 행복해지고 싶으나 살면서 거절과 무시를 겪다 보니 격려와 무조건적인 사랑을 기대하기가 두려워진 것이다.

어린 시절에 방치를 경험한 아이는 남들에게 쉽게 친밀감을 드러내지 못한다. 자신을 모자라고 사랑받을 자격이 없는 사람이라 항상 자책하며 자존감을 떨어뜨린다. 하지만 여전히 타인의 사랑을 간절히 원하기 때문에 자신을 억누르며 남의 기분을 맞추고, 이로 인해 생겨난 부정적인 감정과 다시 버림받을지도 모른다는 두려움 탓에 다시 움츠러든다. 이런 식으로 갈망과 위축이 반복된다.

자신의 불편을 감수하며 묵묵히 뭔가를 베푸는 사람이 주변에 있다면 그를 꼭 안아주자. 그리고 머리를 쓰다듬으며 "넌 참 좋은 사람이야"라고 진심으로 말해주어라.

내 선택을
사랑하는 법을 배워라

인과응보야.

근심 걱정이 없던
묘생은 끝났어.

결국 선택을
피할 수 없게 되었군.

나 같은 귀염둥이에겐
너무 힘든 일이야.

네가
좋아하는 걸로
고르면 어때?

허튼소리 마.
이런 중대한 일을
어떻게 취향으로
결정할 수 있어?

이건 내 묘생의
이미지와 미래가
걸린 일이라고.

한번 삐끗하면
줄줄이 삐끗하게 돼.

타인이 보는 내 품위와
가치에 직접적인
영향을 끼칠지도 몰라.

그래서 네가
좋아하는 것
말고 옳은 걸
고르고 싶었구나.

하지만 옳은지 아닌지는 지금 판단하기 어려운걸.

맞아, 네가 모순을 정확하게 짚었어.

그러면 그냥 아무거나….

장난해? 내가 그렇게 생각 없는 애로 보여?

아니면 일단 네 취향대로 골라볼래?

스트레스받지 마. 좋아하는 걸 고르면 옳은 선택이 될 가능성이 커져.

옳은 것보다는
좋아하는 것

    옳은 선택을 하려고 지나치게 집중하면 무엇을 선택해야 할지를 고민하게 된다.

    '옳다'라는 기준은 언제나 판단하기 어렵다. 숲속에 두 갈래 길이 있는데 어느 길이 좋고 나쁜지는 알 수가 없다. 그중 하나를 선택하더라도 선택하지 않은 길이 끊임없이 머릿속에 맴돌며 지금의 선택이 틀릴 수도 있다는 사실을 일깨워 주지 않겠는가?

    그러니 옳은 것보다는 좋아하는 것을 선택하자. 좋아하는 것을 고르면 옳은 선택이 될 가능성이 커진다. 내 선택을 사랑하는 일이야말로 최선의 선택일 것이다.

심리학을 만난 것은 내 인생에서 크나큰 행운이었다. 심리학적 사고는 사람들에게 세상을 바라보는 또 다른 방식을 보여주는 예술과 같다. 색다르면서도 그럴 만한 것이며, 매력적이다. 또 깨우침을 주고 일관성이 있다.

이 만화의 첫 편이 업데이트된 지 3년이 넘었다. 초기에는 이 작업을 이렇게 오래 지속할 수 있을지 예상하지 못했다. 독자들에게 다양한 경로로 피드백을 받으며 거의 매번 눈시울이 뜨거워지기 전까지는 이 만화가 세상에 무엇을 가져다줄지도 알지 못했다.

시작할 때는 상상조차 하지 못했던 따뜻한 응원을 받고 묘한 유대감을 느꼈다. 이렇듯 우리는 세상의 한 단면이 놀라울 정도로 아름답다는 사실을 깨닫게 되었다.

당신이 존재하는 한, 누군가는 예상치 못한 곳에서 당신의 영향을 받는다. 당신이 행동하면 누군가는 당신을 응원할 것이며 당신이 선의를 베풀면 그 선의가 누군가를 이끌어 주게 될 것이다. 우리는 종종 다른 사람의 영향 탓에, 혹은 자기를 의심하며 불안을 느낀다. 삶을 용감하게 마주하는 데 이 책이 도움이 되기를 바란다!

치마오마오㐀ㅌㅌ, **삽화가**

옮긴이 남은숙

중국 장쑤성 쑤저우대학蘇州大學을 졸업하고 현재 번역 에이전시 엔터스코리아에서 출판 기획자 및 중국어 전문 번역가로 활동 중이다. 아동서와 그림책을 좋아하고, 좋은 번역은 역자의 고민과 정성으로 만들어진다고 생각한다.

주요 역서로는 《칼 비테의 공부의 즐거움》, 《창의력 쑥쑥 아이디어 그림 그리기》, 《산이 화가 났어요》, 《내가 자라면》, 《럭키 래빗 1~6》, 《내 아들이지만 정말 너무해!》, 《용감한 꼬마 기차》, 《잘살지는 못해도 쪽팔리게 살지는 말자》, 《여기는 지구》, 《선생님의 진짜 얼굴을 찾아라!》, 《맥을 잡아주는 세계사2: 로마사》, 《우리 동네는 미술관》, 《다 내 거야!》, 《우리 반에 대장이 떴다!》, 《고마워요 그리고 사랑해요》, 《흉노제국 이야기》, 《경험의 힘》, 《내 아이에게 주는 10가지 성장선물》, 《천재로 키워라》, 《여유: 삶을 풍요롭게 만드는 지혜》, 《10일 안에 변신하기》, 《달팽이 경영학》, 《아들에게 꼭 물려주고 싶은 아버지의 인생노트》, 《아이의 미래를 바꾸는 부모의 지혜》, 《상모》, 《귀염둥이 판다 동글이(출간예정)》, 《비밀 놀이(출간 예정)》 등 다수가 있다.

회피하지 않고 해피하게

초판 1쇄 2022년 9월 23일

지은이 간단심리
옮긴이 남은숙
펴낸이 서정희
펴낸곳 매경출판(주)
책임편집 김은경
마케팅 김익겸 한동우 장하라
디자인 김보현 이은설

매경출판(주)
등록 2003년 4월 24일(No. 2-3759)
주소 (04557) 서울시 중구 충무로 2 (필동1가) 매일경제 별관 2층 매경출판(주)
홈페이지 www.mkbook.co.kr
전화 02)2000-2612(기획편집) 02)2000-2636(마케팅) 02)2000-2606(구입 문의)
팩스 02)2000-2609 **이메일** publish@mk.co.kr
인쇄 · 제본 (주)M-print 031)8071-0961
ISBN 979-11-6484-457-9(02100)